Ina Külper

Mit Tante Christels Erbe durch die Welt

Bibliografische Information der Deutschen Nationalbibliothek:
Die Deutsche Nationalbibliothek verzeichnet diese Publikation in der
Deutschen Nationalbibliografie; detaillierte bibliografische Daten sind
im Internet über http://dnb.dnb.de abrufbar.

Herstellung und Verlag: BoD – Books on Demand, Norderstedt
ISBN: 978-3-735719652

In 20 Jahren werden Sie eher von den Dingen enttäuscht sein, die Sie nicht getan haben, als von denen, die Sie getan haben. Lichten Sie also die Anker und verlassen Sie den sicheren Hafen. Lassen Sie den Passatwind in die Segel schießen. Erkunden Sie. Träumen Sie. Entdecken Sie.

- Mark Twain

Vorbereitungen

Das Ticket ist gebucht. Die Route steht. Sämtliche Reiseführer (zumindest für Lateinamerika) sind durchgearbeitet. Und eine Seite im Netz hilft mir bei den letzten Details, die es bei einer Weltreise zu beachten gilt. Mir gefällt vor allem der soziale Aspekt der Weltreise-Checkliste. Das ganze Technische wie sämtliche Kündigungen (Arbeit, Wohnung, Handy etc.), Routenplanung, beste Reisezeit, Impfungen, Visa etc. lass ich mal weg, sondern zitiere die wesentlichen Dinge, samt meiner Anmerkungen (→ kursiv): (Quelle: http://weltreise-info.de)

Ein Jahr vor der Reise: Die Familie einweihen. (Ja, erst jetzt. Wahrscheinlich ist es immer noch zu früh. Du musst abwägen zwischen dem Schock, den eine kurzfristige Ankündigung verursacht, und der langen Phase, in der nur noch im Vordergrund steht: "er/sie wird uns verlassen".) → *Er/Sie (in diesem Fall Mama und Papa) standen eher weniger unter Schock, sondern haben ihrerseits direkt mit ihren eigenen Planungen begonnen; Wo können wir das Kind besuchen?*

6 Monate vor der Reise: Freunde einweihen. Die meisten mögen es nicht, wenn sie erst vor der Abreise vor vollendete Tatsachen gestellt werden. Umgekehrt kann aber nach der Bekanntgabe Deiner Reisepläne die Zeit noch sehr lang werden. Du wirst allen mit Deiner Vorfreude unendlich auf die Nerven gehen. → *Sorry!!!*

Nach der Ticketbuchung: Ab jetzt möglichst nicht mehr verlieben! → *HaHaHa...*

Unmittelbar vor der Reise: Abschiedsparty → *Oder halt Weihnachten und Silvester nochmal mit allen feiern...*

ARGENTINIEN & CHILE

WILLKOMMEN ... ZU HAUSE!

Zu Hause ist ja ein ziemlich dehnbarer Begriff. Im Alltag meint er ja vor allem den Ort, an dem das Bett steht. „Ich geh jetzt nach Hause." In sehnsuchtsvollen, nostalgischen Kontexten die vertraute Heimat, also Familie, Kindheit und so. Oder auch mal die weitere Heimat, z.b. Deutschland oder Europa. Und genau dort bin ich hier angekommen. Ich war ja darauf vorbereitet, dass Argentinien und vor allem Buenos Aires sich sehr an Europa orientieren. Aber eben orientieren, es bleibt doch Lateinamerika, oder nicht? Bei meinen ersten Zügen durch Buenos Aires habe ich daran starke Zweifel. Die eleganten Häuserfassaden, die riesigen gepflegten Plätze, die kleinen gemütlichen Straßencafés, eine Kirche oder Kathedrale an jeder zweiten Ecke, ja selbst der geordnete Verkehr, all das könnte auch irgendwo in Europa sein.

Und auch der Rio de la Plata, der Silber-Fluss, erinnert an die Heimat. Warum er so heißt? Definitiv nicht wegen der Farbe, die erinnert eher an die Elbe. Und genauso gerne möchte man hier baden, direkt an der Mündung zum Hafen, umgeben von Müll. Aber einige Argentinier trotzen beharrlich den Verbotsschildern und stürzen sich in die braunen Fluten. Auch wenn ich kurz – noch vom Weiten – in Verzückung geriet, mein erstes Bad werd ich mir für bläulichere Gewässer aufheben. Ach ja, der Name. Der steht in erster Linie für die Hoffnung. Man hoffte auf Silber. Leider vergebens.

RELAXED CLUBBING

Man ist anders auf Reisen. Aufgeschlossener, toleranter. So hab ich gestern etwas getan, worum ich in Berlin immer einen weiten Bogen gemacht habe. Ich war in einem Club. Und es war gar nicht mal schlecht, obwohl ich den Konsum von Drogen in dieser Szene sehr gut verstehen kann.

Am Anfang des Abends saßen wir noch im Hostel auf der Terrasse und haben so übers Leben und Reisen und Sinn und Nicht-Sinn etc pp. gequatscht. Eine etwas ältere Dame hier im Haus war ihrerzeit (1963) auch ein Jahr unterwegs. Allerdings nur mit 300 Dollar in der Tasche und trampenderweise. Gut, das ist was anderes als das, was ich mache. Und sie fragt mich: Und was ist dein Produkt? Und ich frage mich: Welches Produkt? Meine Motivation oder was? Reisen, was denn sonst? Und alles was das beinhaltet; Land und Leute, Sprache, Natur und Kultur. Und all das, was sonst noch passiert. Zum Beispiel, dass Ina in einem Elektro-Schuppen landet..

KINDHEIT

Ich helfe grad ab und an bei einer Organisation,[1] die sich um eine glückliche Kindheit für alle bemüht, d.h. man fährt in die etwas ärmeren Stadtteile, die sich hier Villas nennen, verteilt

---

[1] http://www.lifeargentina.org/

irgendwelche Dinge (in meinem Fall Schuhe), spielt oder schwimmt mit den Kindern.

Und ich bin uneins. Es muss ja auch nicht immer ums pure Überleben gehen, eine Verbesserung der Umstände ist ja auch schon erstrebenswert, aber was wir hier de facto machen ist, die Kinder ein, zwei Nachmittage in der Woche 2-3 Stunden zu bespaßen. Ja klar, diese Zeit hängen sie nicht auf der Straße rum. Dort warten andere Gefahren, wie beispielsweise der frühe Drogenkonsum, aber mal ehrlich; 2x2 Stunden die Woche ist nicht viel Zeit und kommen tut ja doch nur, wer von sich aus noch die Motivation hat, lieber Spiele zu spielen als Paco zu nehmen (was das Abfallprodukt von Crack ist, Crack wiederum ist das Abfallprodukt von Heroin, wir reden hier also von doppeltem Müll).

Und sein wir mal ehrlich, warum helfen die meisten hier? Weil sie solche Gutmenschen sind? Wohl eher aus etwas egoistischeren Gründen; eine andere Seite von Buenos Aires sehen, Leute kennen lernen, die Sprache verbessern etc. Was ja auch keine völlig unedlen Motive sind, aber eben nicht ganz so selbstlos.

Und wenn man dann mit den Kindern Memory, Schiffeversenken oder Seilspringen spielt, an einem anderen Tag mit ihnen ins Schwimmbad geht und die ganze Zeit tauchen und springen und Rollen und Kerzen machen muss, fühlt man sich selbst an seine Kindheit erinnert. So viel scheint sich nicht zu unterscheiden, wann und wo auch immer in der Welt. Zumindest nicht im Spiel, in der Welt der Phantasie. Wenn wir dann allerdings nach Hause gehen, ist jeder doch wieder in seiner eigenen Realität. Der eine mit Bett und Familie, der andere ohne...

EINE GESCHICHTE IN 5 AKTEN

1. Akt: Das Dorf und die Mission

Im Dorf Peruti leben die Nachfahren des indigenen Stamm der Guaraní und versuchen, die Zeit totzuschlagen. Die Kinder haben damit das geringste Problem. Dank ihrer Phantasie wird jeder Ort zu einem Abenteuer, und Tage verfliegen im Spiel. Und die Jugend? Hier ist nicht viel los. Genaugenommen gar nichts. Es gibt weder fließend Wasser noch Strom. Keine Musik, kein Computer und schon gar keine Clubs. Wie verbringt man also die Abende? Mit einer der schönsten Beschäftigungen der Welt: Sex. Schön und gut. Nur haben die meisten von Verhütung noch nicht viel gehört. Das Durchschnittsalter bei der ersten Geburt liegt bei 14/15 Jahren. Von da an hat man einen 24 Stunden Job. Und mit Ende 20 wird man dann Großmutter.

So besteht ein Teil der Mission in der sexuellen Aufklärung, um die Geburtenrate etwas zu mindern. Des Weiteren sollen kleine hygienische Maßnahmen (wie Händewaschen oder Zähne putzen oder vielleicht auch mal einen Arzt aufsuchen) die Lebenserwartung erhöhen. Und zu guter Letzt soll ein Schulsystem für Bildung sorgen und den Einstieg in die argentinische Gesellschaft ermöglichen. Was mit Sicherheit ein paar Generationen dauert. Aber bei der hohen Frequenz der Generationen, dauert das ja vielleicht nicht allzu lange...

2. Akt: Uniform und Schutzschild

Bevor wir unsere täglichen Aufgaben in Angriff nehmen, hüllen wir uns in Uniform samt Schutzschild. Die Uniform besteht aus festem Schuhwerk, langen Hosen (gegen sämtliche Insekten) und einem schwarzen Life-T-Shirt (Erkennungsmerkmal). Am ersten Tag ist alles noch frisch und gut. Doch schon im Laufe des Tages wird uns klar, dass diese Kluft eine Bürde ist. Wir sind im Urwald. 30 Grad im Schatten, mindestens. Hohe Luftfeuchtigkeit. Der Schweiß läuft. Die Wege sind staubig. Die Kinder schmutzig. Schon am ersten Abend will man seine Klamotten am liebsten direkt in die Wäsche werfen. Aber das geht nicht. Das T-Shirt ist Programm und muss die ganze Zeit getragen werden. Und da es so wenig Sinn macht, etwas Frisches anzuziehen, halten die meisten von uns es mit den restlichen Klamotten auch so. Schon am zweiten Tag können wir uns selbst nicht mehr riechen. Am dritten Tag in diese Klamotten zu steigen wäre einem Dschungel-Camp-Ekeltest gleichgekommen. Um ehrlich zu sein, am Ende der Zeit ist das ein oder andere Teil im Müll gelandet.

Nebst Uniform legen wir uns jeden Morgen ein Schutzschild aus verschieden Anti-Irgendwas-Mitteln zu. Für die Haut eine Schicht Sonnencreme und Moskitospray. Fürs Haar ein Anti-Läuse-Mittel. Für die Hände im Stundentakt Desinfektionsgel. Nicht dass der Schweiß an sich gereicht hätte, um sich babsig und klebrig zu fühlen.

3. Akt: Der Kapitän und seine Mannschaft

Lili ist das Herz der Organisation. Sie hat L.I.F.E. gegründet und Stück für Stück aufgebaut. Und für ihr Engagement bewundern wir sie alle. Aber sie ist eine sehr zwiespältige Persönlichkeit. Auf den ersten Blick total nett. Im Kontext ihrer Projekte wird sie sehr dominant. Und ihr Tonfall geht uns zunehmend auf die Nerven. Wir sind ja keine 3 mehr. Wir sind erwachsen. Und das schon einige Jahre. Genaugenommen könnten wir (nach hiesigen Maßstäben) schon längst Großmütter sein. Und – Toleranz und versuchtes Verständnis hin oder her – wir wollen uns nicht mehr als Kinder behandeln lassen. Außerdem bemerkt man einen leichten Hang zum Typus Choleriker. Wenn mal was schief läuft, wird der Ton ganz schnell ganz scharf. Dass kann zwar mit „mi amor" und „mi vida" eingeleitet werden, aber was folgt ist definitiv keine Nettigkeit. Auf Englisch sagt Lili gerne Sweety. So war Sweety schnell unser erster Running-Gag.

4. Akt: Die Sache läuft aus dem Ruder;
Meuterei und Eskalation.

Es kommt zur Meuterei. Die Matrosen sind unzufrieden, ob des Tones des Kapitäns oder der Sinnlosigkeit ihrer Tätigkeiten. Wohin steuert dieses Schiff? Was bewegen wir hier? Bzw. bewegt sich überhaupt noch jemand, wenn ihm alles, was er zum Leben braucht, vor die Nase gesetzt wird? Wenn das Ziel ist, diese Leute aus ihrem Trott zu holen, in die Gesellschaft zu integrieren etc., ist das hier der richtige Weg? Wir bringen ihnen Essen, Kleidung, Hygieneartikel, aber wird das was ändern?

Ach ja, und Hundefutter. Zwei der Matrosen zeigen Mitleid mit den Hunden im Dorf und bringen am letzten Tag Hundefutter mit. Das führt zur Eskalation. Eine Horde aufgebrachter Mütter versammelt sich um die Freiwilligen und empört sich, dass wir lieber Essen für ihre Kinder statt für die unwürdigen Tiere kaufen sollten. Wir sind baff. Die Wut in uns nimmt Form an. Nicht, dass wir nicht eh schon zweifeln, was wir hier eigentlich machen. Aber sich jetzt noch anmachen lassen, dass man nicht auf die richtige Weise hilft... Der einen platzt der Kragen, die andere versucht zu vermitteln. Wie auch immer, die Stimmung ist getrübt. Niemand hat mehr wirklich Lust, irgendwas zu machen. Zum Glück sind die Kinder da. Mit ihnen zu spielen lockert die Situation etwas auf. Aber auch nur etwas...

5. Akt: In ruhigeren Gewässern

Also im übertragenen Sinne, denn konkret befinden wir uns grad an recht wilden Gewässern, nämlich den Iguazú Fällen am Dreiländereck Argentinien/Brasilien/Uruguay. Wir söhnen uns aus. Sowohl mit Lili, als auch mit dem Dorf. Irgendwie ist sie ja doch ganz nett. Und das Projekt ist nun mal ihr Baby. Und jetzt sind ja auch grad Sommerferien, da haben wir von den ganzen Aufklärungsarbeiten einfach nicht viel mitbekommen. Immerhin gehen inzwischen schon 8 zur Highschool und 3 zur Uni. Das ist ja schon mal ein Anfang. Und das mit den Hunden und Kindern ist wohl ein typischer Fall von Cultural Clash.

Doch letzten Endes bleiben Fragen: Wer hat das Recht, jemand anderem zu erzählen, wie er leben soll? Wer sagt, dass ein „aufgeklärtes" Leben in der „Gesellschaft" besser ist als ein kinderreiches im Dorf?

RUINEN BEI SAN IGNACIO

TOTE NAZIS IN SÜDAMERIKA...

Tot oder lebendig? Der Nazi und Vertraute Hitlers Martin Bormann starb offiziell im Jahre 1945. In Argentinien lebt er weiter. Ruinen im Dschungel zeugen von seiner Anwesenheit. Weitab jeder Straße und Zivilisation. Eine Gruppe jüdischer Nazi-Jäger spürte ihn jedoch auf. Aber Bormann war schneller. Kurzerhand setzte er über den Fluss und verschwand auf Nimmerwiedersehen in Paraguay. Dort verlieren sich seine Spuren auf ewig. In Deutschland wurde derweil ein Leichnam als der Bormanns identifiziert. Aber wer auch immer sich hier im Dschungel versteckt hat, hatte etwas zu verbergen.

Des Weiteren hält sich hier eisern die Legende, Adolf Hitler und Eva Braun hätten nicht wirklich Selbstmord begangen, sondern sich gen Südamerika ausgeschifft und ein zweites Leben in Südamerika begonnen. Und wer weiß, vielleicht haben sich die drei ja in Paraguay wiedervereinigt, in guter Gesellschaft all der anderen freundlich von Paraguay aufgenommenen NS Funktionäre.

PARANÁ

LANDLEBEN

Idylle und Ruhe. Auf dem Hof mit der Familie leben. Warum? Für mich ein Blick ins Innere. Für sie ist es weniger das (eher geringe) zusätzliche Einkommen, als vielmehr der kleine Ausbruch aus der Isolation. Kontakt zu anderen Leuten. Sich Austauschen. Ein Geben und Geben.

Ein perfektes Leben. Ausschlafen. Kaffee. Im Schatten lesen. Zur Abkühlung ins Wasser springen. Ein leichtes Mittagessen. Siesta. Ausreiten am späten Nachmittag. Aperitif und Sonnenuntergang. Dann Asado; das Fleisch bruzelt schon auf dem Grill. Jonathan Safran Foer sollte mal nach Argentinien kommen. Die würden ihm was husten von wegen Tiere essen. Im Übrigen leben in Argentinien die glücklichsten Kühe der Welt. Hier allemal. Nach dem Essen Wein und Zigaretten. Ein bisschen um die Frage nach dem Leben, dem Universum und dem ganzen Rest diskutieren.

Irgendwie sind Gespräche auf Reisen oft intensiver als zu Hause. Oder anders intensiv. Es geht weder um die kleinen Dinge des Lebens und des Alltags und das, was das Herz bewegt, als vielmehr um die großen Zusammenhänge. Von Lokal- zu Landes- zu Weltpolitik und zurück. Vom Sinn und Nichtsinn des Lebens und sämtlicher Systeme. Und am Ende des Abends wartet ein gigantischer Sternenhimmel und eine Sternschnuppe winkt gute Nacht.

KOMISCH, MERKWÜRDIG, SELTSAM...

Jetzt bin ich schon wieder so weit weg. Von zu Hause sowieso, aber selbst das Weiterreisen morgen kommt mir merkwürdig vor. Dies wird ein Jahr voller Abschiede und Begrüßungen, zwischen kurzweiliger Anfangseuphorie und freudigem bis wehmütigem Abschiedsschmerz.

Es ist komisch, die vielen Menschen, die man trifft, und mit ihnen manchmal eine intensive Zeit verlebt und doch bleiben es am Ende immer nur kurze Begegnungen. Man vergisst einfach bisweilen, dass das alles keine Freunde sind. Dass es nur kurzweilig ist. Dass man jetzt wochen-, ja monatelang nicht von Freunden umgeben ist. Sich nur kurz der Illusion hingibt, in einer Gemeinschaft zu sein. Und das ist der bittere Beigeschmack; dass man nie richtig dazu gehört.

Und dann der Gedanke, wie merkwürdig es ist, ein ganzes Jahr lang kein festes Bett zu haben. Ein fremdes, schönes, wehmütiges Gefühl...

Und es ist seltsam, dass ich mich nie fremd fühle, obwohl ich immer eine Fremde bin.

Betten-Charts

Da ich die letzten zwei Nächte sehr gegensätzlich genächtigt habe (Platz 1 und 4), an dieser Stelle mal meine persönlichen Betten-Charts. Heute Nacht dann wieder 3...

Platz 1: Bett im Einzelzimmer. Im Optimalfall gut abgedichtet, dass man nicht am Leben der Nachbarn, samt ihrem Musikgeschmack, und am Nachtleben teilnehmen muss.

Platz 2: Zelt. Im Normalfall recht angenehm und idyllisch. Kann natürlich mit Umgebung, Klima und Wetterlage stark variieren und daher auch mal auf einem der letzten Plätze landen.

Platz 3: Bett im Schlafsaal. Selten ein wirklich ausgewogener, ausreichend langer Schlaf. 5 bis 10 Menschen, die alle zu unterschiedlichen Zeiten ins Bett gehen und zu unterschiedlichen Zeiten aufstehen. Während der erste Frühaufsteher schon vor Sonnenaufgang die Sachen zusammenpackt, kommt die letzte Partyratte erst nach Sonnenaufgang - alkoholisiert und folglich selten leise - nach Hause. Ach ja, nicht zu vergessen sämtliche andere Störgeräusche wie Schnarchen, Husten, Geflüster & Co.

Platz 4: Nachtbus, -zug, -boot. Ist einfach kein richtiges Bett, wenn auch – je nach Klasse und Land – teilweise sehr komfortabel. So kann man mal eine Nacht verbringen, aber der perfekte Schönheitsschlaf ist das trotzdem nicht.

Platz 5: Die Hängematte. Nein, ich habe mich immer noch nicht mit Hängematten ausgesöhnt. Vielleicht wird das ja noch passieren. Ich gebe ihnen eine zweite und dritte Chance. Hab leider auch keine andere Wahl, da sie vor allem im

Dschungel nur allzu oft die einzige Schlafgelegenheit sind. Und ich will die Hängematten dieser Welt ja auch gar nicht diskriminieren. Ich liebe sie, um mal eine Zeitlang im Schatten rumzuhängen und zu lesen oder zu entspannen. Aber sollte ich jemals gerne in einer Hängematte nächtigen, dreht sich die Sonne wieder um die Erde. Will sagen, es ist sehr unwahrscheinlich...

MENDOZA

DAS HOSTEL IM 21. JAHRHUNDERT

Für all jene, denen diese Welt vielleicht fremd ist, hier ein paar Zeilen zum Leben im Hostel des 21. Jahrhunderts. Schwarze Schafe gibt es natürlich immer, aber dem Internet (und Online-Bewertungen) sei Dank haben sie eine zunehmend geringere Lebenserwartung.

Zum Standard gehört heutzutage frische Bettwäsche samt Handtüchern und ein ordentliches Frühstück. Und Frühstück meint nicht mehr nur Toast, Butter und Marmelade. Nein, Gebäck, frisches Obst und frischgepresster O-Saft kommen auch auf den Tisch. Kaffee und Tee sowieso. Des Weiteren gehört es zum guten Ton großzügige Flächen zur allgemeinen Nutzung zur Verfügung zu stellen, gerne auch mit Pool und Hängematten im Außenbereich. Innen natürlich Fernseher und DVD-Player und eine angemessene Sammlung regionaler und internationaler Filmdelikatessen. Nicht zu vergessen eine kleine Bibliothek zum Büchertausch. Und dann hat jedes Hostel noch sein kleines Bonbon wie kostenlosen Waschservice, Mate rund um die Uhr oder einmal in der Woche gemeinsames Asado. Und was ist es hier, in der Stadt des Weines? Natürlich, Gratis-Wein jeden Abend.

Warum sollte man überhaupt noch in ein Hotel gehen? Die Leute sind im Hostel allemal netter. Aber ach, die fehlende Privatsphäre! Das Leben im Hostel ist ein offenes Buch. Wir kennen die Schnarcher, die Aufreißer, die Abhänger. Wir wissen wer mit wem und wann und wo. Wir beginnen den Tag zusammen und landen des Nachts im gemeinsamen Bettenlager. Aber manchmal, manchmal wollen wir einfach nur mal eine Weile alleine sein. Was zur Folge hätte, dass wir dann der trübe Einsiedler am Ende des Patio wären. Was wir natürlich nicht wollen. Also her mit dem Wein, hinein in die gesellige Runde und zum 100. Mal; woher und wohin, wie lang und warum...

ÜBER DIE ANDEN

Von Argentinien nach Chile ändert sich einiges. Zunächst die Währung. Nun muss ich schon das dritte Mal den Wechselkurs in meinem Kopf umstellen. Ich danke der EU immer mehr für den Euro. Und für die offenen Grenzen. Hier kann das Prozedere schon mal ein paar Stunden in Anspruch nehmen. Erst warten, bis man an der Reihe ist. Dann alle raus aus dem Bus. Zum argentinischen Schalter, die Ausreise abstempeln lassen. Zum chilenischen Schalter, um Einlass bitten. Weiter geht's zur Sicherheitskontrolle. Während Dritte das Gepäck im Bus durchwühlen und Hunde durch die Gänge schnüffeln, stellen wir uns der Prüfung unseres Handgepäcks. Irgendwelche Tier- oder Pflanzenprodukte? Die Chilenen sind da sehr empfindlich. Einer Theorie zufolge geht es mal wieder um Wein. Angeblich wird in

Chile noch erfolgreich eine Rebsorte angebaut, die überall sonst in der Welt irgendwelchen Parasiten zum Opfer gefallen ist. Und jenen wollen die Chilenen mit aller Macht den Einlass verwehren.

Dann ändert sich die Sprache. Aus klangvollen argentinischen dschja-Lauten wird chilenisches Gemurmel. Aus ‚vos' wieder ‚tu'. Melodie und große Gebärden werden durch Geschwindigkeit ersetzt. Auf Deutsch könnte ich mithalten. Auf Spanisch muss ich mein Gegenüber bitten, einen Gang runter zu schalten.

Und zu guter Letzt ändert sich das Essen. Gott sei Dank, die Chilenen wissen, was das Wort „scharf" bedeutet. Und es ist hier kein Sakrileg, Fleisch mit Soße zu servieren. Außerdem gibt es auch anderes als Pizza, Pasta und Steak. Meine Geschmacksnerven sind erfreut, haben sie doch endlich mal wieder was zu tun.

VALPARAÍSO

HAFENSTADT MIT CHARME

Santiago ist eine gefangene Stadt, umzingelt von ihren Mauern aus Schnee. Valparaíso dagegen öffnet seine Tore dem offenen Meer, dem Geschrei der Straßen, den Augen der Kinder.
– Pablo Neruda

Es ist, als würde es immer noch besser. Ich mag jeden Ort immer noch ein bisschen mehr als den davor. Hatte grad Montevideo als meine persönliche Traumstadt auserkoren und dann kommt Valparaíso, ein riesiges Open Air Museum. Mochte Argentinien und die Argentinier wirklich sehr, finde Chile und die Chilenen jetzt aber fast noch cooler. Fand den Januar schon sehr erfüllend und abwechslungsreich, aber der Februar war einfach noch besser, größer, mehr. Wie lange kann das so weiter gehen?

PATAGONIEN

VULKAN 3D

Tag 1: Das Fasten-Denken

Wir wollen einen mehrtägigen Track in einem der hiesigen Nationalparks machen. Einer der schönsten in der Region. Am Fuße eines Vulkans, über Lavagestein, durch Wälder und Wiesen mit malerischen Ausblicken auf die Seen und Vulkane in der Umgebung. Natur pur. In diesem Park gibt es nichts von Menschenhand außer ein paar Schildern und Wegmarkierungen. D.h. man muss Schlafplatz (also Zelt plus Isomatte plus Schlafsack), Essen für die gesamte Zeit und Wasser zumindest für einen Tag mitnehmen. Natürlich auch einiges an Klamotten, tagsüber knallt zwar die Sonne, doch der Gletscher ist nicht weit es kann also vor allem nachts auch recht kalt werden. Die patagonischen Winde plus mögliche Niederschläge nicht zu vergessen. Man kann sich also in etwa vorstellen, wie unsere Rucksäcke aussahen. Schwer beladen. Wir schätzen 10-15 Kilo.

Aber wir marschieren hochmotiviert los. Die Last auf den Schultern versuche ich zu ignorieren. Aber den Gedanken ans Essen kann ich nicht ignorieren. Die Mahlzeiten sind streng rationiert. Jetzt gibt es also 6 Tage lang jeden Morgen zum Frühstück ein halbes Tässchen Haferschleim, zum Mittag einen Müsliriegel plus ein paar Nüsschen und abends dann irgendeinen Fertigfraß aus der Tüte? Ich merke, ich muss umdenken, das

Fasten-Denken einsetzen. Da nimmt man ja auch nur Flüssignahrung zu sich. Und nun eben die Trockenfutter-Variante.

Am Abend sitzen wir dann vor unserem Campingkocher, stochern etwas lustlos in unseren 3-Käse-5-Minuten-Fertigmakkaroni rum und müssen uns eingestehen, dass wir uns das etwas anders vorgestellt haben. Natürlich KÖNNTEN wir den ganzen Track durchziehen, wir sind ja keine Memmen, aber irgendwie solls ja auch Spaß machen. Und die Schlepperei mindert unsere Euphorie grad beträchtlich. Also Plan B: Aus 6 mach 4. Statt sechs Tage Plackerei vier gemütlichere Tage. Am zweiten Tag eine Tagestour ohne Gepäck, und den Rückweg dann in zwei Tagen. Und der Magen atmet auf, auf einmal wird das Essen viel; morgen dann eine ganze Tasse Haferschleim zum Frühstück.

Tag 2: Das Wasser-Dilemma

Beim Frühstück werden wir uns des nächsten Problems bewusst. Wir haben jetzt zwar genug zu essen, aber es mangelt an Wasser. Die letzten Reserven gehen für Kaffee und Porridge drauf. Die nächste Wasserquelle ist einen Halbtagesmarsch entfernt. Die Markierungen auf unserer Karte stimmen hinten und vorne nicht. Also zurück zur letzten Quelle? Nee, zurückgehen ist doof, müssen wir ja sowieso noch. In der Nähe unseres Zeltplatzes finden wir ein Rinnsal, das aus dem Lavagestein tröpfelt. Mmh, denken wir uns, so ähnlich sah die letzte Quelle auch aus ... irgendwie. Ach komm, wir probieren es. Sieht kristallklar aus. Riecht gut. Schmeckt gut. Wird schon gehen.

Und endlich kann es losgehen. Wir entdecken zwar während des Tages keine weitere Trinkwasserquelle, dafür aber ein plätscherndes kleines Gebirgsbächlein, Schmelzwasser vom Gletscher über uns. Paradies. Wir waschen Hände, Füße, Gesicht.

Auf dem Rückweg kommen wir wieder an unserer Wasserquelle vom Morgen vorbei und sind irritiert, hat sich unsere Trinkwasserquelle doch im Laufe des Tages in einen Schmelzwasserstrom verwandelt. Das Wasser ist jetzt milchig-grau. Wir horchen in uns hinein. Magen und Verdauungstrakt geben keine negativen Signale. War wohl trinkbares Wasser. Aber dieses mysteriöse Etwas namens Natur bleibt uns Stadtmenschen doch etwas suspekt.

Tag 3: Krümmung in der Raum-Zeit

Am nächsten Morgen erwachen wir nach erneutem 10-12-stündigem Schlaf frisch und ausgeruht. Packen alle unsere Sachen zusammen und machen uns auf den Rückweg (2-3 Kilo leichter dank der verputzen Speisen und leeren Wasserflaschen). Schon nach 2 Stunden erreichen wir die Wasserquelle vom ersten Tag. Und sind erneut irritiert. Das war jetzt die Hälfte der Zeit von Tag 1. Gleiche Strecke, gleiche Ladung aber halbe Zeit? Wie das? Unsere Erklärungsmodelle orientieren sich am Universum, das wächst und schrumpft ja angeblich auch. Und dieser Nationalpark tut das gleiche im Kleinen, war am ersten Tag auf der Höhe seiner Ausdehnung und ist nun an Tag 3 erheblich zusammengeschrumpft. Nein? Auf jeden Fall sind wir schneller als erwartet und beschließen, den Rückweg doch an einem Tag zu wagen. Und die Götter sind uns gnädig. Am Ende des Parks finden wir zwei nette Guides, die uns mit zurück ins Dorf nehmen. Im Hostel sind dann auch noch zwei Betten für uns frei. Wir sind selig.

Und wir lassen den Naturburschen hinter uns und machen wieder einen auf Chica. Duschen erst mal ausgiebig, essen mal wieder Salat statt Trockenfutter, verbringen den nächsten Tag am Pool. Und doch lässt uns der Vulkan nicht in Ruhe. Etwas fehlt noch zur endgültigen Eroberung. Wir kennen ihn nun von allen Seiten, nur sein innerstes blieb uns verborgen. Also erklimmen wir am nächsten Tag den Gipfel, blicken in den rauchenden Krater und gleiten auf seinen Eisfeldern hinunter.

PUERTO MONTT → PUERTO NATALES

NAVIMAGISCHE NÄCHTE

Wir nehmen die Navimag-Fähre gen Süden durch die patagonischen Fjorde. Großartige Landschaften, Pinguine, Delphine, Seehunde und viele Vögel. Aber wen interessiert's? Ornithologie ist schließlich der Inbegriff der Langeweile.

Kommen wir also zum menschlichen Treiben an Bord. Tagsüber hängen alle irgendwie an Deck rum, die einen mit Buch, die anderen mit Fernglas in der Hand. Nicht weiter spektakulär. Widmen wir uns daher den Nächten.

1. Nacht: Feuer an Bord. Irgendwo in der ersten Klasse bricht ein Feuer aus. Der Alarm geht los. Allerdings dringt er nicht bis zum Fußvolk durch. Wozu wir leider gehören, in den billigen Kabinen auf einer Ebene mit der Fracht. Ich erahne im Halbschlaf eine Durchsage. Irgendwas mit Feuer und Alarm. Wie jetzt, Probealarm mitten in der Nacht? Oder was war das? Aber alles bleibt ruhig. Ich dreh mich um und schlaf weiter. Am nächsten Morgen erfahren wir vom Feuer plus Alarm in den oberen Gemächern. Nö, is schon okay, lasst uns da unten doch verrecken.

2. Nacht: Die große Kotzerei. Pünktlich zum Abendessen verlassen wir die schützenden Fjorde und begeben uns auf hohe

See. Das Boot kommt in Schwung. Immer mehr Gesichter nehmen eine grünliche Färbung an. Die Crew verteilt Pillen gegen Übelkeit. Die helfen nicht jedem. Die ersten Toiletten und Mülleimer werden voll. Nach zwei, drei Stunden ist das Deck gespenstisch leer. 70% der Passagiere haben schon vorzeitig ihre Kabine aufgesucht und sich in die Horizontale begeben. Für den hartgesottenen Rest öffnet der Kapitän schließlich die Tore. Alle potentiellen Kotzer sollten inzwischen unter Deck sein. So dürfen wir das letzte Abendrot von der Brücke aus genießen. Mit Kribbeln im Bauch, der Bug hebt und senkt sich über den Horizont.

3. Nacht: Fiesta. Wir läuten den Abend früh ein. Die Reserven müssen ja weg. Da sich am Abend zuvor niemand an Alkohol ran getraut hat, stapeln sich nun Flaschen mit billigem Schnaps und Tetrapaks voll schlechtem Wein. Nach dem Essen gibt es noch einen Pisco Sour aufs Haus, um die Leute schon mal in Schwung zu bringen für die große Bingo-Nacht. Da haben wir sie endlich, unsere Kreuzfahrt mit Animationsprogramm. Wir flüchten aufs Oberdeck. Zur Gitarrenmusik samt Lagerfeuerromantik. Ohne Lagerfeuer natürlich. Feuer an Bord hatten wir schon.

PARQUE NACIONAL TORRES DEL PAINE

JAHRESZEITEN

Torres del Paine ist ein Ort für Insichgekehrte und Extremisten. Des Tages schweifen auf ewig langen Wanderpfaden die Gedanken in die Ferne und der Blick richtet sich zunehmend nach Innen. Die Nächte sind was für Extrem-Camper oder Extrem-

Reiche. Da wir letzteres leider nicht sind, gehören wir zu den Campern.

Und rund um die Uhr durchlebt man einmal alle Jahreszeiten. Die Patagonier weigern sich hartnäckig, irgendwelche Wetter-Prognosen abzugeben. Wir wissen inzwischen, warum. Der Tag beginnt mit einem kühlen Frühlingsmorgen. Das Gras ist noch feucht vom Regen. Doch schon kriecht die Sonne über die Berge und während man am späten Vormittag den ersten Gipfel erklimmt, zerfließt man und zieht nach und nach Schicht für Schicht aus. Kurze Zeit später kommen die ersten Herbststürme und Regenschauer sorgen für Abkühlung; alle Schichten wieder an. Die Sonne kommt wieder hervor und im Schutz eines Waldes kommt Spätsommer-Feeling auf. Von der nächsten Anhöhe aus blickt man dann auf schneebedeckte Gipfel und Gletscher, und der peitschende patagonische Wind treibt die ersten Schneeflocken vorbei. Aber schon am nächsten Wasserfall warten wieder Frühlingsgefühle.

Nur in der Nacht herrscht eisern nur eine einzige Jahreszeit: eiskalter Winter. Maximal Spätherbst. Sturmböen und Regen prasseln gegen die Planen. Im Innern kämpfen zwei Wesen gegen Schlaflosigkeit, bedingt durch nächtliche Nager, Kälte und knallende Winde.

Aber in der letzten Nacht ist Rettung in Sicht. Ein wunderbar windstiller Campingplatz. Laue Abendstimmung. Sook-Ja entfacht ein Feuer. Das beeindruckt den Campwart dermaßen (also so zwei Frauen, die so ganz alleine, also ganz ohne männliche Hilfe, ein Feuer zustande bringen), dass er mit zwei Tetrapaks Rotwein anrückt, unser lauschiges Feuer mit uns teilt und dann auch noch Extra-Schlafsäcke springen lässt. So schlafen wir weinschwer in einem Meer aus Schlafsäcken und mit feuerwarmen Steinen zu unseren Füßen. Ein Traum.

GESPENSTISCHE LEERE...

...dafür ist Patagonien ja berühmt und berüchtigt. An den großen Touri-Atrraktionen wie Torres del Paine oder Perito Moreno bekommt man davon natürlich wenig mit. Aber inzwischen bekommen wir doch ein leichtes Gespür für die patagonische Einsamkeit.

Zunächst in El Chalten, ein kleines Bergsteiger-Kaff. Diese „Stadt" ist jünger als ich (1984 gegründet) und zählt im Winter 500 und im Sommer 1000 Einwohner. Handys funktionieren hier nicht. Fernsehen nur, wenn die Winde gut stehen. Taxen gibt es nicht, wozu auch, wenn alles nur einen Block entfernt ist. Der Wind pfeift um die Häuser. Die Straßen sind leergefegt. Es quietscht und knartscht an jeder Ecke. Eine Szenerie wie aus irgendeinem Western. Nur halt ohne wilden Westen.

Von El Chalten nehmen wir die berühmt berüchtigte Ruta 40 gen Norden, die berühmteste Straße Argentiniens; auf den Spuren von Che Guevara. Man fragt sich, warum lange Abschnitte noch immer Schotterpiste sind. Um das echte Che-Feeling zu erhalten? Reisen, wie er einst reiste, und bloß nicht schneller? Der Bus quält sich mit gefühlten 10 Km/h Meter für Meter gen Norden. Auf dieser Strecke begegnet einem kaum eine Menschenseele. Aber dafür sitzen im Bus 50-60 partylustige Seelen. Die ewig lange Fahrt wird mit Alkohol betäubt. Die Fahrer lassen sich von Nichtraucherschutzgesetzen nicht beeindrucken und rauchen eine nach der anderen. Die Geruchskulisse erinnert zunehmend an einen Nachtclub. Schlafen ist schwierig. Macht nix, irgendwie kriegen wir die 30 Stunden schon rum.

Wir landen schließlich irgendwann in El Bolson. Die Hippie-Hochburg des Landes, angeblich. Ein süßer Ort, aber Hippie haben wir uns irgendwie anders vorgestellt. Wir blicken auf gepflegte Straßenzüge, perfekt gemähte Rasenflächen und gestutzte Hecken. Auf dem Markt kann man noch ein wenig Hippietum erhaschen. Oder anhand der Boden-Politik: Land besetzen, 3 Jahre warten und wenn nichts passiert ist man stolzer Besitzer ein wenig patagonischen Landes.

Die Saison geht zu Ende. Der Herbst ist da. Die Leute sind müde, fahren runter, bereiten sich auf den Winter vor. Und wir lassen uns anstecken. Sind ausgelaugt, träge, leer. Die Wanderwege sind zunehmend verwaist. Äpfel, Brombeeren und Pflaumen säumen die Wege. Wir pflücken sie eifrig und versuchen, unsere innere Leere zu füllen. Nicht wir sind in Patagonien, nein, Patagonien ist in uns angekommen. Auch in uns herrscht gespenstische Leere...

BARILOCHE

VON MÄUSEN UND MENSCHEN

Um uns aus unserer Lethargie zu befreien, bleibt uns nur eine Wahl: Aktivität. Wir versuchen eine weitere Wanderung, aber beim Wandern ist langsam die Luft raus. Also erfüllen wir uns einen letzten Traum und machen eine 2-tägige Reittour. Die Gauchas traben los ins große Abendteuer. Vor allem unser Reisebegleiter sorgt immer wieder für Unterhaltung, da er

(Codename „El Gaucho") und sein Pferd (Codename „El Loco") nicht so 100%ig harmonieren.

Die Nacht verbringen wir bei einem jungen Pärchen, das eine kleine Hütte irgendwo im Nirgendwo hat. Kein Strom, keine Heizung. Der Ofen ist das Zentrum des Hauses. Hier wird das Wasser für den Mate gekocht, hier wärmt man seine Glieder, hier trifft man sich am Abend. Romantik bei Kerzenschein. Zumindest zunächst.

Mir kommt die undankbare Aufgabe des Übersetzens zu. Unsere Gastgeber sprechen nur Spanisch. Sook-Ja und Dan (= El Gaucho) Englisch. An einer Stelle ist mir da ein kleiner Fehler unterlaufen. Der kleine, aber feine Unterschied zwischen ‚rata' (Maus) und ‚raton' (Ratte). Falsch übersetzt und die Ratten-Panik bricht aus. Aber so wie unsere Gastgeber über Ratas sprechen, könnt man wirklich meinen es handele sich um widerliche, ekelerregende, riesige Viecher und nicht um süße, kleine Mini-Mäuse. Auf jeden Fall sorgen die Ratten-Mäuse für Aufregung, vor allem, da man sie aufgrund der schlechten Beleuchtung (zwei Kerzen als Lichtquelle) nichts sieht und lediglich Quieken und jagende Katzen hört. Schemenhaft können wir schließlich auf einem Foto etwas Großes, Schwarzes erahnen. Aber halt, das ist doch die Katze. Und vor ihr ein Pixel schwarzes Etwas. Mir kommt mit einem Schlag die Erleuchtung. Ratte heißt ‚raton'. ‚Rata' ist einfach nur Maus. Tja ja, lost in translation. Schande über mein Haupt.

Zum Schlafen ziehen wir trotz Mäusen den kalten Betonboden in der Hütte den Zelten im Garten vor. Auch mit Campen sind wir durch. Die Katzen jagen weiter und Scubi-Doo (der Hund) verbringt zwischen Sook-Ja und mir die wohl beste Nacht seines Lebens und verdrängt uns Stück für Stück von unseren Isomatten. Am Morgen wartet dann noch ein besonderes Präsent auf uns: Zwischen den Schlafsäcken entdecken wir eine tote Maus. Vielen Dank, liebe Katzen, wir lieben euch auch. Aber wir haben jetzt auch genug von Flora und Fauna und sind bereit für Buenos Aires und Großstadtleben...

ZWISCHEN DEN ZEILEN

Wer lange zusammen reist, wird sich immer ähnlicher, sagt man. Und die besten Freunde sind die, mit denen man gemeinsam Schweigen kann. Sagt man auch. Nachdem wir immer häufiger zur gleichen Zeit einen gleichen oder ähnlichen Kommentar abgeben, hören wir irgendwann damit auf. Man versteht sich auch ohne Worte. Oder mit sehr wenigen Worten. So werden unsere Gespräche zunehmend knapper. Was nicht heißt, dass wir nicht viel sagen würden.

Ein Beispiel (in irgendeinem Nationalpark)
Sook-Ja: „Da ist ein Haus." – Ina: „Haus" (in etwa zeitgleich, mal wieder); Sook-Ja: „Ja." – Ina: „Ja."
Geistreich, keine Frage. Aber es gilt zu bedenken, was alles hinter diesen paar Worten steht.
Eine kurze Analyse:
„Da ist ein Haus." Will sagen: Oh, siehst du, wir kommen wieder zurück in besiedelte Gebiete. Die Wanderung ist wohl gleich vorbei.
„Haus" beinhaltet: Was für ein Glück. Ein Ort wo Menschen sind. Dann gibt es ja hoffentlich bald was zu Essen.
„Ja" kommentiert das mit: Gott sein Dank, dann ist dein Magen ja endlich wieder beruhigt und wir können in Frieden weiterziehen.

„Ja" schließt das Ganze schließlich mit einem einfachen Ja ab.

Und weil's so schön ist ein weiteres Beispiel erfüllter Kommunikation (früh morgens in irgendeiner Hütte irgendwo in einem anderen Nationalpark nach einer durchfrorenen Nacht):

„Warst du heute schon draußen?" – „Ähm nö... Du?" – „Nee." – „Gut." – „Gut."

Hört sich banal an. Isses aber nich. In diesen paar Worten manifestiert sich der gesamte Zwiespalt eines Travellers auf Reisen (oh welch wundervoller Pleonasmus). Das Hin- und Hergerissensein zwischen einfachem Wohlbefinden und dem vollen Ausschöpfen seiner Möglichkeiten. Es ist natürlich eine Sünde noch nicht draußen gewesen zu sein an einem solch wundervollen Morgen. Andererseits ist da dieser warme Ofen und wir sind noch durchgefroren von der Nacht. Wenn jetzt der andere (und hier kommen wir zu dem psychologischen Phänomen namens Gruppenzwang oder – positiver ausgedrückt – -dynamik) schon draußen gewesen wäre, müssten wir uns natürlich auch aufraffen und in das kalte Morgengrauen hinaus treten. Nach einem Hauch von schlechtem Gewissen beruhigt es uns schon sehr, zumindest in guter Gesellschaft zu sein. Man könnte die ersten Sätze, also das Ansprechen des Problems, nun natürlich als Anreiz nehmen, den inneren Schweinehund doch noch gemeinsam zu überwinden (Gemeinsam ist man stark, geteiltes Leid ist halbes Leid, geteilte Freude doppelte Freude und wie sie alle heißen..), aber das abschließende „Gut" ist ein eindeutiges Zeichen beiderseits, dass wir es bei dieser Situation belassen, den wundervollen Morgen einfach einen wundervollen Morgen sein lassen und weiter gemütlich unseren Kaffee schlürfen, unsere Hände an der Tasse wärmen und unsere Füße der Wärme entgegen strecken...

Bookswap

Alles begann mit einem Buch über Patagonien. Eine Frau, ihr Rucksack und die Wildnis. Wir haben es beide gelesen und es war zumindest gut für die ersten Running-Gags; „Und alles, was wir hinterlassen, sind ein paar plattgedrückte Kräuter."

Ich tauschte das Buch in Puerto Natales gegen Max Frisch. Stiller begleitete mich eine Weile. Irgendwann fällt der Bon heraus und ich entdecke, dass das Buch 2008 in den Schönhauser Allee Arkaden erstanden wurde, wo ich seinerzeit, wie es der Zufall so will, auch in der Nähe lebte. Vielleicht bin ich der Person, die dieses Buch kaufte, sogar schon mal übern Weg gelaufen. Desweiteren entnehme ich diesem kleinen Stückchen Papier, das die Person neben Max Frisch auch ein Buch von Hermann Hesse erwarb, was wiederum hervorragend zur Gegenwart passt, da Sook-Ja grad ein Werk von eben jenem Hesse liest. (Ich liebe diese kleinen Parallelen im Leben.)

Aber zurück zu Frisch. Gute Literatur ist rar auf Reisen, also gute Literatur in der Muttersprache, alles andere kann man natürlich kaufen. Ich lese das Buch aus, als wir in El Bolson ankommen. Der Hostelbesitzer (gebürtiger Deutscher) liebäugelt sofort mit dem Buch. Ich überlasse es ihm natürlich. Und wie man das ordnungsgemäß macht auf Reisen, werden Bücher getauscht.

Nun sitz ich also da mit meinem neuen Buch. Ein Tagebuch. Das erfreut zunächst mein Herz. Aber schon nach ein paar Seiten kam die Ernüchterung. Schon wieder so ein selbstverliebtes Arschloch. Das ist kein Tagebuch, das ist ein Buch, das von Vornherein zur Veröffentlichung bestimmt war. So schreibt man nicht für sich. Er hat eine Lehre, die er unters Volk bringen will. Eine Lehre vom großen ganzen Weltgeist. In 5 Ebenen: Stoff – Leben – Geist – Seele – GEIST. Ich werde aggressiv beim Lesen. Und versuchs mit Humor zu nehmen.

Die Frage ist: Warum gibt man mir dieses Buch? Will man mich zu einem höheren Dasein anleiten? Nein danke. Ich will im hier und jetzt leben und nicht mein Ego verlassen und irgendeinen Film betrachten. Einen leeren Geist werde ich nach meinem Tod schon noch lange genug haben.

PS: Ich weiß nicht, ob sich da der große Weltgeist eingeschaltet hat, oder einfach nur mein sehr dominantes Ego, dass im Unbewussten schon längst beschlossen hat, dass es mit dem Buch durch ist, auf jeden Fall hab ich das Buch – wirklich ohne bewusste Absicht – im Taxi vergessen… Schon nach 5 Metern fiel es mir auf, aber da war das Taxi schon über alle Berge. ¡Qué pena!

PERU

AUS DEM LEBEN EINER FRIERENDEN

Ich bin nun angekommen in meinem vorläufigen Heim. Das Haus ist ganz im peruanischen Stil erbaut, d.h. ohne Dach. Denn so kann man für jede neue Generation einfach noch ein Stockwerk drauf setzten.

Und die Uhren ticken hier anders, ich muss meinen Tagesrhythmus umstellen (nicht dass ich einen Rhythmus gehabt hätte). Um warmes Wasser zu erhaschen, muss man zu den frühen Vögeln gehören, denn ab 7 Uhr läuft man Gefahr, das warme Wasser verpasst zu haben. Um 7 Uhr gibt's Frühstück, zubereitet von Manchi, die den ganzen Tag in der Küche verbringt und für unser leibliches Wohl sorgt. Neben Manchi und ihrem Mann leben hier ihre Töchter Fanny, Mimi und Ruth mit ihren Kindern.

Um halb acht fahr ich dann mit Fanny, die auch gleichzeitig meine Spanischlehrerin ist, zur Schule. Und obwohl wir dann eigentlich zwei Stunden Grammatik Unterricht haben, schweifen wir gerne mal vom Thema ab. So landen wir beispielsweise beim sehr dominanten Katholizismus in Peru. Fanny ist mit John verheiratet, überzeugter Atheist. Er hasst die Katholische Kirche (schlechte Erfahrungen in einem katholischen Internat). Sie haben Zwillinge, selbstredend nicht getauft. Schulen allerdings sind entweder katholisch oder unerschwinglich. Religionslose Kinder haben schlechte Karten. Wie auch alleinerziehende Mütter. Deswegen haben Fanny und John die Schule und Organisation „FairPlay"[2] gegründet, um alleinerziehenden Müttern einen Einstieg ins Berufsleben zu ermöglichen.

Von der Theorie zur Praxis. Eliana, natürlich alleinerziehende Mutter, holt mich von der Schule ab und wir streifen durch die Stadt, besuchen Märkte, politische Kundgebungen (am Sonntag sind Wahlen in Peru, aber davon an anderer Stelle mehr) oder gehen ins Museum. Lernen live.

Den Nachmittag hab ich dann frei bis sich um 19 Uhr alle zum gemeinsamen Abendessen in der Küche versammeln. Anschließend geht man früh schlafen, angeblich stellt die Höhenluft den Biorhythmus automatisch um. Fakt ist, dass die Höhenluft für kalte Temperaturen sorgt. Ich spiele manchmal ernsthaft mit dem Gedanken ein wenig Gymnastik zu machen, um mich aufzuwärmen. (Ich muss nicht erwähnen, dass Heizungen hier nicht zum Standard gehören, oder?) Ich träume von Sauna, von gut beheizten deutschen Stuben, flammenden Kaminfeuern, heißen, karibischen Nächten oder auch nur einem kleinem Ofen im Zimmer, einer kleinen Wärmflasche zu meinen Füßen, einer heißen Dusche am Abend... Jeden Abend mach ich mein Bett neu, da ich die beste Kombination aus Laken und Decken einfach noch nicht gefunden habe. Wenn ich alle zur Verfügung stehenden Decken auf mir stapel, habe ich das Gefühl zu ersticken. So erweist mir mein schön leichter Schlafsack in Kombi mit zwei Wolldecken weiterhin gute Dienste. Und ich schlafe in langer Unterwäsche. Ehrlich, ich glaube, das war die beste Investition des Jahres.

---

[2] http://www.fairplay-peru.org/en/Volunteers/

Es wird heiß...

Morgen wird in Peru der neue Präsident gewählt. 11-12 Kandidaten stehen zur Wahl. Fünf davon haben Chancen gewählt zu werden. Die einzige Frau im Rennen ist die Tochter des Ex-Diktators Fujimori. Böse Zungen nennen sie auch das labernde Schwein, weil sie halt etwas rundlicher ist, viel redet und wenig sagt. Ihr Vater hat das Land damals ordentlich ausgenommen und ist dann, als man ihm auf die Schliche kam, nach Japan ins Exil geflüchtet. Sein Heimatland gewährt ihm gerne Unterschlupf. Im Laufe der Zeit wurde er wegen verschiedener Vergehen (Menschenrechtsverletzungen, Korruption, Massaker und Folter) zu mehreren Jahrzehnten Haft verurteilt. Er machte den Fehler, noch einmal nach Südamerika zu reisen (Chile), wo er verhaftet und an Peru ausgeliefert wurde. Tochter Keiko versucht nun in die Fußstapfen ihres Vaters zu schlüpfen und hat es nicht nur wegen ihrer runden Backen, sondern auch wegen ihres Erbes schwer. (Spitzname einer Karrikatur Keikos: „Akino Mekedo" = „Aqui no me quedo." = „Hier bleibe ich nicht.")

Weitere Spitzenkandidaten sind Ollanta Humala und Alejandro Toledo. Humala steckt mit Hugo Chavez und Evo Morales unter einer Decke. Das heißt: alles verstaatlichen, ausländische Investoren (vor allem die Amis) des Landes verweisen und ein vereinigtes sozialistisches (Süd-)Amerika anstreben. Das kann man auch ruhig mit diktatorischen Strukturen durchsetzen, der Zweck heiligt schließlich die Mittel.

Gut, ich habe keine Ahnung von peruanischer Politik und lass mich von meinen Maestras beeinflussen. Wir sind für Toledo. Der war zwar schon mal Präsident und hat das Land nicht sonderlich weit voran gebracht, dafür war er der erste Präsident indigener Abstammung. Und eigentlich sind wir auch weniger für Toledo als vielmehr gegen Humala. Wir haben nämlich Angst, dass Peru ein zweites Venezuela wird. Wenn es zur Stichwahl kommt, egal zwischen wem, ist das also ein typischer Fall von Pest oder Cholera. Aber vielleicht macht ja auch ein anderer morgen das Rennen. Es wird auf jeden Fall spannend!

Was gibt es darüber hinaus zu den Wahlen zu sagen? Auch wenn die Luft kühl ist, die Stimmung ist aufgeheizt. Beständig blockieren Paraden die Straßen, auf sämtlichen Plätzen finden Kundgebungen statt, es gibt nur ein Gesprächsthema. Eigens für die Wahl komponierte Songs locken mit Zeilen wie „Ich geh wählen, ich geh wählen!" Nicht dass die Leute eine andere Wahl hätten, wählen ist in Peru Pflicht, und wer sich verweigert, muss eine hohe Strafe zahlen. 24 Stunden vor und nach der Wahl ist der Konsum von Alkohol verboten. Man traut den Menschen wohl nicht zu, alkoholisiert das richtige Kreuz zu setzen, oder hat halt Angst vor Ausschreitungen zwischen den verfeindeten Lagern. Wahlen in Deutschland sind dagegen so dermaßen emotionslos...

PARALLELENTWICKLUNGEN

Bevor neue und alte Welt aufeinander trafen, war in Peru das Inkareich auf der Höhe seiner Macht. Eine der vielen Hochkulturen (und in diesem Fall darf man „hoch" durchaus wörtlich nehmen, die Inkas ließen sich nie unter 3000 Meter nieder), die sich parallel zur europäischen „Zivilisation" entwickelt haben. Und bei vielen Dingen ist es auch nicht weiter verwunderlich, wenn sich ähnliche Systeme (z.B. zur

Bewässerung) oder ähnliche Werkzeuge (z.B. das Messer) entwickeln. Jede Kultur braucht Arbeitsgeräte. Jede Kultur muss Landwirtschaft betreiben. Jede (Hoch-) Kultur, die was auf sich hält, protzt mit architektonischen Prachtwerken und braucht, um jene zu errichten, einen Mechanismus zum Transport großer Massen.

Ich bewundere also im Inkamuseum all die Werkzeuge, Systeme und Mechanismen der Inka. Etwas irritiert bin ich, als ich an einem Kasten mit Krone und Zepter vorbei gehe. Natürlich sehen sie anders aus als in Europa, sind aus bunten Stoffen statt aus Gold und Silber. Aber es ist doch etwas verwunderlich, warum der Mensch es anscheinend in seinen Urinstinkten hat, seinen Oberhäuptern einen runden Kranz auf den Kopf zu setzen und ihm einen länglichen Stab in die Hand zu drücken. Warum?

Irgendwann trafen dann Inkas und Europäer aufeinander. Das goldene Zepter hat das bunte besiegt. Ein Zeugnis der Vereinigung der Kulturen (oder sollte man besser der Vereinnahmung sagen) findet sich in der hiesigen Kathedrale: Jesus verspeist zum letzten Abendmahl ein Meerschweinchen. Rassismus ist natürlich auch dabei: Der einzige Dunkelhäutige am Tisch ist Judas.

CHOQUEQUIRAO

IM MORGENGRAUEN

Bei Morgengrauen geht es los zur großen Wanderung ins verborgene Reich der Inka. Treffpunkt ist die Plaza de Armas/Cusco, 5 Uhr nachts. ('Nachts' wird in den nächsten Tagen zunehmend zu 'morgens'.) Irgendwie ist die Stimmung magisch;

die romantische Beleuchtung des Platzes, Glockenläuten und Orgelmusik der Kathedrale, ein paar Meter weiter dumpfe Bässe aus einem der Clubs. Ein Mix aus Nachtschwärmern und Kirchengängern bevölkert die nächtliche Szenerie. Kaum zu glauben, aber der 5 Uhr Gottesdienst ist der beliebteste des Tages. Warum? Weil er in Quechua gehalten wird (der indigenen Sprache in dieser Region). Jung und Alt strömen in die Kathedrale. Menschen in traditionellen Gewändern neben aufgestylten Szenetypen. Bei manch jungem Peruaner hat man das Gefühl, er geht direkt vom Club zur Messe. Taxifahrer lassen ihren Wagen kurz am Straßenrand stehen und gönnen sich eine Auszeit. Doch ich will weder in Club noch Kirche. Mein Ziel lautet Choquequirao. Ich werde in den nächsten Tagen viele Stunden bergauf und viele Stunden bergab laufen. Einigermaßen ebene Wege waren den Inka fremd. Das gigantische Andenpanorama fordert seinen Preis. Und wer sich nicht mit dem Klassiker Machu Pichu zufrieden geben will, muss eben lange Wege in Kauf nehmen, um die versteckten Reichtümer zu entdecken.

Im Morgengrauen des zweiten Tages mache ich Bekanntschaft mit einer der wichtigsten Überlieferungen der Inka: Koka. Die Geheimwaffe gegen Höhenkrankheit, Schwindel, Müdigkeit, Erschöpfung, Hunger und Durst. Ab heute starten die Tage mit Koka-Tee, je nach Tagespensum zwischen 4 und 5 Uhr gereicht. Und auf endlosen Pfaden kauen wir auf Kokablättern rum oder lutschen Kokabonbons und genießen Ausblicke auf schneebedeckte Gipfel, Wasserfälle und Flüsse im Tal. Immer mal wieder kann man in der Ferne einen Pfad erahnen, den wir sicher auch noch erklimmen werden, denn es gibt hier nur einen Weg. Ermüdungserscheinungen werden mit Kokablättern erstickt.

Vorm Morgengrauen des dritten Tages (Koka-Tee um 4 Uhr, volles Tagesprogramm) erwache ich etwas ramponiert.

Mein Gesicht sieht wieder hoch-pubertär aus, lauter kleine Beulen, die inzwischen aufgekratzt sind. Eine Mücke hat mein nächtliches Lager mit mir geteilt. An dieser Stelle ein kleiner Exkurs zum Thema Mücken: Die deutsche Mücke an sich ist ja recht laut und auch ziemlich schnell. Die peruanische Mücke hingegen ist recht träge. Man kann sie quasi im Zeitlupentempo totschlagen. Und sie nervt glücklicherweise auch nicht durch lautes Summen. Dafür hinterlässt sie nachhaltige Spuren, wie mein Gesicht beweist. Zumindest die gemeine Inka-Hochland-Mücke. Ich bevorzuge inzwischen die kolumbianische Karibik-Mücke. Die tritt zwar gerne in Schwärmen auf, ist dafür aber klein, leise und hinterlässt geminderten Juckreiz. Zurück zum Morgengrauen. Vor Sonnenaufgang machen wir uns auf den Weg zum heiß-ersehnten Ziel: Choquequirao. Wir erreichen es im vollsten Nebel. So viel zum Thema Sonnenaufgang. Aber zum Glück klart es später auf (lass es gegen 7 Uhr sein) und wir dürfen die Ruinen noch in ihrer vollen Pracht bewundern.

Im Morgengrauen des 4. Tages mutiere ich schließlich endgültig zur Lauf-Maschine. Um die Mittagshitze zu vermeiden starten wir gegen 5 Uhr und haben einen 4-stündigen Aufstieg vor uns. Und normalerweise liebe ich es ja, durch die Gegend zu wandern und meinen Gedanken nachzuhängen, aber in diesem Fall ging da nicht mehr viel in meinem Kopf. Die Beine laufen, der Schweiß auch, die Hände tupfen ihn beständig ab. Mein Körper ist eine Maschine, mein Kopf leer. Nur ein paar Wörter füllen rhythmisch die Leere:

Schritt, Schritt, Schritt, Schritt, Tropf, Tropf, Tupf, Tupf.
Schritt, Schritt, Schritt, Tropf, Tupf.
Schritt, Schritt, Schritt, Schritt, Trink, Tropf, Tupf.
Usw. Usf.

Last Days

Man kann ja nicht ewig bleiben. Es muss ja auch mal weiter gehen. Wir sind ja am Reisen, nicht am Bleiben. So durchlebe ich nun meine letzten Tage in Cuzco, hab mir schweren Herzens eine Deadline gesetzt. John lacht eh schon jedes Mal in sich hinein, wenn ich zu ihm ankomme: „One more week..?"

Nun heißt es Abschied nehmen. Ein letztes Mal über die Plaza de Armas schlendern und durch die Gassen bummeln. Ein letztes Mal mit der ganzen Bagage ins *Indigo*, Mojitos trinken und Shischa rauchen. Ein letztes Mal mit Taxifahrern verhandeln.

Ein letztes Mal mit Fanny in die Sauna. Ein letztes Mal Sauna peruanisch. Das ist ein wenig anders als bei uns. Nackt ist man schon mal gar nicht. Handtücher unterlegen, wozu? Man schwitzt direkt aufs Holz. Ruhe in der Sauna? Langweilig! Man schnackt. Pausen zwischen den Gängen? Ist nur was für Weicheier, Waschlappen, Warmduscher. (Warm duschen tut man hier ja im Übrigen eh nicht.)

Ein letztes Mal Salsa-Unterricht. Ein letztes Mal den Körper verrenken und sich dabei totlachen. Ehrlich, ich hab in meinem Leben selten so viel gelacht wie während dieser abendlichen Stunden. Das führte dazu, dass ich das erste Mal wirklich bösen Muskelkater vom Lachen bekommen habe, so dass ich in der folgenden Stunde das Lachen verbieten musste. Das fand unser Tanzlehrer wiederum so lustig, dass er zum ersten Mal seine ernste Miene vergaß und schmunzelte. Aber er kommt schnell wieder zu sich, zählt uns den Rhythmus, gibt Anweisungen für die nächste Verrenkung und klärt uns über unsere Tanzbereiche auf. (Dieses nervige *Black Eyed Peas* Cover ist nicht der einzige Grund, warum ich mich in letzter Zeit des Öfteren an *Dirty Dancing* erinnert fühle.)

Ein letztes Mal mit den Maestras vorglühen, um dann im *Mystica* die Tanzfläche zu stürmen. Diese Ladys haben Power. Und Durchhaltevermögen. Nach ein paar Stunden flehe ich innerlich: Habt erbarmen, lasst mich nur mal kurz ne Pause machen und ein Kippchen rauchen. Keine Chance, Tanzpausen sind ihnen fremd. 6 Stunden tanzen am Stück macht ihnen gar nichts. Und auf den Tanzflächen der Clubs wird das mit den Tanzbereichen auch nicht ganz so ernst genommen...

Und dann eine letzte Roof-Top Zigarette, ein letztes Mal den Blick über Cusco schweifen lassen und schließlich ein letztes Mal ins kalte Bettchen huschen. Und diese nächtliche Kälte ist auch der einzige Grund, warum ich nicht traurig bin, Cusco zu verlassen...

DAS LETZTE MAHL

Zum Abschied hab ichs getan. Hab Meerschweinchen gegessen, wie Jesus in der hiesigen Kathedrale zum letzten Abendmahl. Wenn man sich schon mal endgültig zu den Fleischfressern bekannt hat, warum dann empfindlich sein? Die niedlichen kleinen Meerschweinchen, ja, sie sind süßer als Hühner oder Kühe, aber es siegt die Egalität. Fleisch ist Fleisch. Und entweder man ist konsequenter Vegetarier oder konsequenter Fleischfresser. Und man versteht eine Kultur ja auch übers Essen. Und Meerschweinchen ist nun mal eine Delikatesse in Peru. Was zunächst nicht einfach zu verstehen ist, wenn einem so eine aufgebachte Ratte vom Teller entgegen starrt (Meerschweinchen werden im Ganzen serviert). Nicht alle finden das appetitlich. Die Peruanerinnen in der Runde machen sich sofort genüsslich über das Vieh her. Da bleibt kein Hauch Fleisch am Knochen. Da wird auch das Gehirn ausgesaugt und die Augen ausgelutscht. Und am Ende wird der Schädel geknackt auf der Suche nach einem bestimmten kleinen Knochen, der Glück bringt, wenn man ihn mit einem Schluck Wasser runterspült. Und nur wenn er wirklich im Magen landet, kommt auch das Glück zu einem.

Dazu genehmigt man sich einen Schluck Chicha. Das ist in etwa selbstgebrautes Bier auf peruanisch. Nur halt aus Mais statt aus Gerste. Ganz frisch am Tage kann es einem nicht viel anhaben. Aber je weiter der Gärungsprozess vorangeschritten ist, desto mehr haut es rein. Empfindlichen Mägen wird abgeraten mehr als eine zu trinken. Nicht dass der Gaumen mehr als eine vertragen würde.

Und wer weiß, wenn wir mal nach China reisen, vielleicht essen wir dann ja auch Hunde...

LAGO TITICACA

GRENZERFAHRUNG

Alles beginnt mit einem Streik, bei dem ich weder genau weiß, worum es geht, noch wer die beteiligten Parteien sind. Aber ich weiß, dass die Interessen der Streikenden mit Straßenblockaden durchgesetzt werden. Und die Verräter, die trotz Felsblöcken auf den Straßen versuchen, von A nach B zu fahren, werden zusätzlich mit Steinen beworfen. Es ist also kein Vorankommen zu Land, zumindest nicht die nächsten Tage, vielleicht die nächsten Wochen.

Die Touri-Agenturen erkennen sofort die Lücke im System und rüsten ihre Ausflugsboote zu Flüchtlingsschiffen um. Das sind nun allerdings keine Speed-Boote. Statt 3 Stunden über Land soll das Ganze 8 Stunden zu Wasser dauern. Statt 5 € mit dem Bus dürfen wir 25 € fürs Boot springen lassen. Tja, wo viel Nachfrage und wenig Angebot besteht, können die Preise schon mal steigen. (Pi mal Daumen machen die hier 1000 Dollar Umsatz pro Tag.)

Wir tuckern also im Morgengrauen los und die Stunden ziehen sich dahin. Aus 8 werden 9, dann 10. Je weiter der Nachmittag voranschreitet, desto mehr Nervosität verbreitet sich an Bord. Wollen wir doch alle noch nach Bolivien und die Grenze macht um 18 bzw. 17 Uhr zu. Die Uhren in Bolivien zeigen eine Stunde später an. Die Zeit wird langsam knapp.

Irgendwann landen wir vor irgendeinem Ufer. Kein Hafen weit und breit, nicht mal ein kleiner Steg zum Anlegen. Das Boot schwappt hilflos in den Wellen und schrattert immer mal wieder über den felsigen Grund. Ruderboote kommen uns schließlich vom Ufer zu Hilfe. Gegen einen kleinen Aufpreis setzen sie uns samt unserem Gepäck über. Diese Kähne sind allerdings selbst dem Untergang geweiht. Das Wasser steigt im Innern und wird beständig ausgeschippt. Nein, um mein Leben mach ich mir keine Sorgen, die paar Meter kann ich auch schwimmen. Um mein Gepäck mach ich mir Gedanken. Aber andererseits, wenn jetzt mein Rucksack über Bord geht, wäre das so ein Verlust? Ich kann meine ganzen Klamotten eh nicht mehr sehen und hab es so satt, immer die gleichen 3 Hosen und dieselben 5 T-shirts zu tragen... Aber natürlich schafft es selbst die unmodische lange Unterwäsche unbeschadet ans trockene Ufer.

Irgendwo im staatenlosen Gebiet lassen sie uns zu Land. Wir taufen es die Schmugglerbucht. Und wo ist nun bitte die Grenze? Einen langen Fußmarsch entfernt. Und erneut Raum für Geschäftemacher. Ein paar ganz waagemutige Taxifahrer widersetzen sich den Straßensperren und chauffieren ahnungslose Touristen von Schmugglerbucht zu Grenzstation. Wir könnten natürlich auch laufen, aber die Zeit rennt uns davon. Also lassen wir uns mitschleppen, lassen erneut ein paar Extra-Soles springen und ziehen während der kurzen Taxifahrt immer wieder die Köpfe ein, während am Straßenrand Streikende mit Steinen drohen. Aber es bleibt bei drohenden Gebärden, letzten Endes fliegt kein Stein.

An der peruanischen Ausreisestelle werden wir mit einem „Nach Bolivien? Heute noch? Beeilt euch!!" in Empfang genommen. Eye, eye Sir. Wir hasten von A nach B, kriegen den Ausreisestempel, sprinten zur bolivianischen Einreisestelle, füllen Papiere im Eiltempo aus und endlich macht es klack-klack und der heiß ersehnte Stempel ist im Pass.

Und jetzt: Durchatmen. Erstmal was zu trinken kaufen. Ich bin am Verdursten. Aber zum Kaufen braucht man Geld. Ups, das hatte ich irgendwie vergessen, also anderes Land = andere Währung und so. Ich weiß nicht mal genau, wie die bolivianische Währung heißt. Geschweige denn, wie der Wechselkurs ist. Aber auch hier haben gewitzte Geschäftsleute die Nische entdeckt. Kaum verlässt man das Grenzhäuschen, schreien einem auch schon improvisierte Wechselstuben entgegen. Ich tausch einfach mal meine restlichen Soles. Ihr könnt mich auch ruhig übers Ohr hauen, ich hab nämlich eh keine Ahnung und brauch das Geld. Unwissenheit ist ein gesegnetes Reich für Abzocke.

Irgendwann sitz ich schließlich beim Abendessen und lausche dem Gespräch zweier Deutscher am Nebentisch. Sie erzählen sich Horrorgeschichten von Entführungen, bewaffneten Überfällen, Taxi-Abzocken & Co. Und klopfen sich dabei gegenseitig auf die Schultern, wie mutig sie doch sind, dieses Land zu bereisen. Und ja, heute bin ich dabei. Heute klopf ich mir auch auf die Schulter und fühl mich ganz groß. Ich habs geschafft, ich bin auf der anderen Seite!!

KOLUMBIEN

ABENTEUER AMAZONAS

Mit Muddern und Vaddern durch den Dschungel

Nach einem abenteuerlichen ersten Spaziergang kommen wir an unserem ersten Nachtlager an: einem Baumhaus in ca. 15 Meter Höhe. Mama atmet erleichtert auf: *Zumindest müssen wir uns nicht an einer Strickleiter hoch hangeln.* Papa fragt sich innerlich: *Und was, wenn uns jetzt niemand mehr abholen kommt? Finden wir jemals den Weg hinaus? Bei so viel Bäumen verlier selbst ich die Orientierung.*

Am nächsten Morgen erkunden wir diese Bäume mal anders: Wir gleiten von Baum zu Baum. 35 Meter müssen dafür zunächst am Seil hochgeklettert werden. Das haben nicht alle geschafft, erschöpft nach 10 Metern aufgegeben und sich hochziehen lassen. (Wer immer das war, bekommt das die nächsten Tage – ach was: die nächsten Jahre – noch ab und an zu hören...)

Mittags gibts Fisch mit Bananen. Einfach und schmackhaft. Und wir wissen zu 100%, woher die Dinge auf unserem Teller bzw. Blatt kommen. Und keine der Zutaten hat einen längeren Weg als 500 Meter zurückgelegt. Keine Zusatz- und Konservierungsstoffe. Und garantiert glutamatfrei. Mal ehrlich, wie oft kann man das von seinem Essen schon behaupten? Ach ja, und Wasser haben wir aus einem Baum getrunken. Wirklich AUS einem Baum.

Am Nachmittag geht es in einem der Seitenarme des Amazonas schwimmen. Selbstverständlich lassen wir die Einheimischen zuerst ins Wasser, ein bisschen Angst vor Piranhas und Krokodilen haben wir noch. Nach dem ersten Zögern schwingen wir uns jedoch begeistert ins Wasser.

Am nächsten Tag geht's zu einem Naturreservat am See. Hier war ich schon mal. Was ich damals gelaufen bin, fahren wir heut mit dem Boot. Der Wasserspiegel liegt dank der Regenzeit 5-7 Meter höher als damals. (Man darf sich in Anbetracht der Breite des Amazonas ruhig kurz bewusst machen, wie viel Wasser hier an einem Tag runter kommt.) Mit dem Boot durch den Urwald fahren, das hat schon was.

Beim nachmittäglichen Fischen wollen die Fische nicht so recht anbeißen. Macht nichts, bei der nächtlichen Caiman Tour springt uns ein Riesenexemplar von alleine ins Boot. Dafür sehen wir keine Caimane. Nur ein glänzendes Auge in der Ferne. Macht nichts, später werden uns zwei Baby-Caimane direkt in die Arme gelegt.

Die letzte Nacht verbringen wir schließlich in Puerto Narino. Und treffen einige echte Talente. Ein junger Mann, der in der hiesigen Naturschutzstation arbeitet, beispielsweise. Der gehört eigentlich ins Theater. Hier wird ein echtes Talent verschwendet. Als er uns im Dunkeln die nächtliche Amazonaswelt erklärt bzw. erspielt, geht er so in seiner Rolle auf, dass ich nicht ansatzweise die Zeit zum Übersetzen hab. Die Worte sprudeln in einem leidenschaftlich Schwall aus ihm heraus. Der nächtliche Amazonas ist ein Drama für sich. Mama und Papa amüsieren sich prächtig, auch ohne ein Wort zu verstehen.

Und als ordentlich Deutsche genehmigen wir uns später das ein oder andere Bierchen. Zielsicher haben wir die

Toplocation der Stadt ausgemacht, das Zentrum allen Seins, the place to be. Wir beobachten das nächtliche Treiben, Fußball um uns rum. Im Fernsehen spielt das heimische Team, auf dem Platz vor unseren Augen die Dorfjugend. Papa ist glücklich. Bier und Fußball, was braucht der Mensch mehr? Er vergisst sogar, die Temperatur des Bieres zu bemängeln. Aber über Temperaturen klagen wir schon lange nicht mehr. Über Moskitostiche auch nicht. Und dass wir alle bis zum Himmel stinken, was solls. Wir sind ja eine Familie. Und wir haben den Amazonas gemeinsam erobert. Nur Gerrit hat uns manchmal gefehlt...

URWALDGESCHICHTEN

Wie entstand der Amazonas? Wer hat die Welt erschaffen? Und woher kommt der Mann im Mond? Und es gäbe noch so viel mehr Geschichten zu erzählen. Hier nur eine kleine Auswahl.

Der Amazonas ist ein Baum. Genauer ein Baumstamm. Seine Wurzeln liegen im Ozean. Seine Äste sind all die Seitenarme. An Gottes statt stehen hier vier Brüder. Sie haben die Welt erschaffen. Ab und an mit Hilfe ihrer Tante. So fehlt ihnen noch das Wasser auf der Erde. Die Tante weiß, wo es Wasser gibt. Es sind drei Bäume, die Wasser in sich tragen. Gemeinsam gehen sie an den geheimen Ort. Zwei der Bäume werden ordnungsgemäß von der Tante gefällt und landen im Grund. Den dritten will sie nicht opfern. Aber ihre Neffen kriegen den Hals nicht voll. Sie fällen auch den letzten Baum, aber ohne die magischen Kräfte der Tante landet der Baum nicht im Grund, sondern auf der Erde und die Ströme ergießen sich übers Land. Der Amazonas ward geschaffen. Und mit diesem Wasser kommen auch all die Plagen: Schlangen, Piranhas, Krokodile und Co. Und die Moral von der Geschicht: Gier lohnt sich nicht!

Die Geschichte vom Mann im Mond ist die Geschichte eines gefrusteten Mannes, der von seiner Familie die Schnauze voll hat. Warum? Weil er von seiner Schwester verführt wurde. Wie konnte das passieren? Er hat sie für seine Frau gehalten. Ist der Mann so stumpf, dass er seine Schwester nicht von seiner Frau unterscheiden kann? Nein, sie hat irgendein Kraut aus dem Dschungel zu sich genommen, dass sie die Gestalt der Frau hat annehmen lassen. Warum hat sie Ihren Bruder verführt? Kein anderer Mann weit und breit. Allerdings verleugnet sie das. Die Mutter kommt hinter das Geheimnis, hält Ihren Sohn selbstverständlich für den Schuldigen und staucht ihn ordentlich zusammen. Auch seine Frau mutiert zur Furie. Er ist frustriert und denkt sich „Ihr könnt mich alle mal." Er packt seine Sachen und haut ab. Er fällt einen Baum und wird dabei irgendwie auf den Mond katapultiert. (Wie genau hab ich leider nicht ganz verstanden, da war der Theatermensch grad wieder voll in seinem Element und jegliches Nachfragen hätte ihn komplett aus dem Konzept gebracht.) Und was wurde aus dem Baum? Der Amazonas natürlich. Vielleicht war der Mann auch einfach nur zur falschen Zeit am falschen Ort; und als die Brüder (siehe oben) grad den Baum fällten und daraus der Amazonas entstand, wurde er von der Wucht auf den Mond geschleudert. Wie auch immer, er landet auf dem Mond und hat nun nie wieder Stress mit Frauen.

UREINWOHNER

In unserem Land leben ja nicht nur verschiedene Rassen und Sprachen, sondern auch verschiedene Schichten nebeneinander... Ohne auf Extreme einzugehen, kann man feststellen, dass Menschen verschiedener Epochen sich gegenüberstehen, nichts voneinander wissen, sich gegenseitig ausrotten, obwohl sie Landsleute sind und oft nur einige Kilometer voneinander entfernt wohnen. Vergangene Epochen sind gegenwärtig und älteste Wunden triefen noch von Blut. Ja manchmal mischen oder überlagern sich in einer einzigen Stadt in einer einzigen Menschenseele, Vorstellungen und Empfindungen, die einander fremd oder gar feind sind. – Octavio Paz

Dieser Text wurde zwar über Mexiko geschrieben, aber er passt auch gut auf Peru oder Kolumbien. Während in Großstädten schicke Apartments mit Klimaanlage und Swimmingpool zunehmen, leben die Menschen auf dem Land noch immer ohne Strom und fließend Wasser. In einer Stadt wie Cusco sieht man Menschen in traditionellen Gewändern neben dem neusten Modetrend. Fast alle sprechen Spanisch, aber viele pflegen noch die alten Sprachen. Extremer Reichtum und extreme Armut leben nur ein paar Straßenzüge voneinander entfernt. Eine blutige Geschichte hat verschiedenste Rassen miteinander vermischt. Die indigenen Stämme, europäische Eroberer, Sklaven aus Afrika.

Ja, die deutsche Geschichte ist auch nicht unblutig, aber zumindest eines haben sie nicht getan: Ihre Ureinwohner ausgerottet, ausgebeutet, versklavt. Einmal fragte mich eine

Australierin: „Habt ihr gar keine Probleme mit euren Ureinwohnern?" Ähm, nein, ehrlich gesagt nicht. Genaugenommen SIND wir die Ureinwohner.

EUROPA ZERFÄLLT

Wenn über Kolumbien im Ausland berichtet wird geht's um Koks, um Paramilitärs, um Entführungen... blablabla. Jaja, ich weiß, nicht das Thema schon wieder. Wie schön das Land, wie schlecht sein Bild.

Aber wie in Südamerika über Europa berichtet wird, ist zugegebenermaßen manchmal von ähnlichem Charakter. Effekthascherei. Skandalgelüste. Auf der Suche nach der Story.

Europa ist vom Zerfall bedroht. Die Wirtschaft ist allemal bankrott. Deutschland führt die D-Mark wieder ein, nicht dass uns das noch retten könnte, wo sich eine Seuche aus Europas Mitte ausbreitet. Die Grenzen werden ja auch schon geschlossen (Dänemark/Deutschland). Die EU bricht zusammen.

Und wenn sie sich nicht selber zerfleischen, werden das schon andere richten. Der Terrorismus ist angekommen in Europa.

Habt ihr wirklich noch Angst vor der sogenannten dritten Welt?

+/- DEUTSCH

Man will sie eigentlich nicht treffen, die Deutschen. Man ist ja auf Reisen. Aber sie sind überall. Aber eigentlich sind die, die den

Weg über Malle hinaus gefunden haben, ja ganz okay. Vielleicht manchmal etwas überorganisiert und überpünktlich (eine Tugend, mit der man vor allem in Lateinamerika nicht sehr weit kommt), aber vor allem auch diese Eigenschaften genießen im Ausland hohes Ansehen. Und so schlecht ist der Ruf der Deutschen auch gar nicht. Das Oktoberfest ist inzwischen weltweit ein beliebtes Spektakel. Das hilft dem Klischeebild Deutschland = Bayern natürlich nicht grad ab. Jep, wir tragen Dirndl und Lederhosen und fressen jeden Tag Würstl mit Sauerkraut. Und Bier trinken wir nur literweise. Aber ja mei. Was solls. Würstchen und Bier sind schließlich auch in der ganzen Welt beliebt. Außerdem ist da noch der gute alte Germane, der das Bild der Deutschen prägt. Eine Kämpfernatur. Groß, stark, blond, blauäugig und robust. Die gute alte deutsche Eiche. Beispiel gefällig? Ich will eine längere Trekkingtour machen. Beim Briefing zur Tour läuft in etwa folgendes Gespräch ab: Und, bist du fit? – Joa. – Machst du Sport? – Nöö. – Woher kommst du? – Aus Deutschland. – Ach, dann ist das kein Problem für dich. Die Deutschen sind *fuerte* (stark/kräftig/hart).

Und nun werd ich mich ganz germanisch durch den Dschungel kämpfen, harte Nächte in Hängematten verbringen und jedem Moskito den Kampf ansagen! Und hoffen, dass sie sich bewährt, die deutsche Eiche..

CIUDAD PERDIDA

AUF ZUR VERLORENEN STADT...

Warum heißt der Regenwald Regenwald? Und warum heißt die Regenzeit Regenzeit? Und – Masterfrage – was passiert, wenn man zur Regenzeit durch den Regenwald geht? Ich verrat's euch: Man wird nass.

Gerade als wir losmarschieren wollen, fängt es an zu nieseln. Aus Nieselregen werden Regenschauer. Irgendwann schüttet es wie aus Kübeln. Es wasserfällt vom Himmel. Wege verwandeln sich in Flüsse. Sturzbäche kommen uns an Steigungen entgegen. Wir sind nass bis auf die Unterhose, die Socken, die Kopfhaut. Es blitzt und donnert um uns herum. Aber Angst ist uns fremd.

Irgendwann legt man sich diese Egal-Haltung zu. Bei Gewitter im Wald? – Egal. Alles nass? – Egal. Alles schmutzig? – Egal. Alles stinkt? – Egal. Juckreiz am ganzen Körper? – Egal. Angeblich nimmt man auf dieser Tour ca. 3 Kg ab. Kein Wunder, einen halben Liter zapfen allein schon die Moskitos ab.

Das Wetter wird die nächsten Tage besser, aber trocken wird man nie. Wenn nicht Regen, dann Schweiß. Wenn nicht Wasser von oben, dann von unten. Viele Flüsse müssen durchquert werden. Barfuß ist das nicht immer möglich, wir brauchen Halt, sowohl in den reißenden Strömen, als auch auf den schlammigen Wegen. So wandern wir 5 Tage lang in Pfützen. Ich wünschte, es gäbe Worte, um auch nur annähernd den Duft der Schuhe am Ende der Zeit zu beschreiben. Eine Kakophonie der schlechten Gerüche. Käsefuß und alter Waschlappen sind nur schwache Bilder. Da sind ganz neue Pilzkulturen gezüchtet worden... Und ähnlich wie Schuhe und Klamotten riechen auch Hängematten und Betten. Muffig-feucht mit der leichten Note eines jeden Wanderers.

Aber nicht nur der Nase werden Highlights geboten. Nach Einbruch der Dunkelheit performt eine Horde von Glühwürmchen eine fantastische Lichtshow vor einem gigantischen Sternenhimmel. Während wir schließlich die Augen schließen und ins Reich der Träume abdriften, plätschern Fluss oder Wasserfall beruhigend in unsere Ohren. Und wenn wir nicht wandern, haben wir viel Zeit totzuschlagen. Es regnet eigentlich immer am Nachmittag. Und Regen bedeutet, dass die Flüsse steigen, was wiederum zur Folge hat, dass die Strömungen zu stark werden, als das wir sie noch meistern könnten. Vor ein paar Wochen wurde hier eine ganze Gruppe vom Fluss weggerissen. Eine Person konnte der Guide noch halten, eine weitere hat sich selbst ans Ufer retten können. Ein dritter hats nicht überlebt.

Wir schon. Haben uns durch Flüsse und Schlamm gekämpft, sind zugegebenermaßen mal gestolpert, mal im Matsch stecken geblieben und ja, auch mal hingefallen. Haben tausend Moskitos und Sandflies verführt, uns jeden Morgen in nasse Klamotten gequält, die ein oder andere Kletterpartie absolviert, viele Höhenmeter überwunden, die verschwitzten Körper in kühlen Fluten gekühlt, unzählige Partien Mau-Mau gespielt, viele Gespräche geführt und zu guter Letzt eine verdammt gute Zeit gehabt...

AM RANDE

Am Wegesrand zur verlorenen Stadt tauchen immer mal wieder indigene Gesichter auf. Wir durchqueren das Land der Kogui (Nachfahren im weitesten Sinne der Tayrona) mit spezieller Genehmigung. Aber ohne zu starren, darum bitten die Guides. Wir begutachten sie aus dem Augenwinkel, sie riskieren einen kleinen Blick in die Welt hinaus. Und sehen, was in der Welt sonst noch so geht und lebt. Menschen jeglicher Statur und Couleur und Klamotten. Der Indigene hier trägt ja am liebsten einfaches weißes Leinentuch und macht jedem Klischeebild eines Indianers alle Ehre.

Unter der Hand werden einem am Rande für ein paar Dollar Abstecher zu Koka-Farmen angeboten. Der nicht ganz so legale Tourismus, auf den man immer mal wieder stößt. Ebenso wie die illegale Jagd, beispielsweise auf Jaguare (welch ein Triumph in der heimischen Trophäensammlung). Oder der hemmungslose Verzehr geschützter Tierarten (ob Affe oder Krokodil, Hauptsache exotisch). Dem Indiana Jones unter den Touristen wird für entsprechende Bezahlung schon was geboten.

Und noch eine Randbemerkung zum Thema Koka, ich halte es da wie Evo Morales. Coca si, Cocaina no. Wie paradiesisch wäre es, wenn die Bauern ihre Kokapflanzen ganz legal anbauen und verkaufen könnten, ohne den ganzen gesundheitsschädlichen chemischen Prozess hin zum Kokain, samt der nicht minder gesundheitsschädigenden wenn nicht gar lebensgefährlichen Prozesse im Umgang mit der Drogenmafia. Welch eine Illusion: arbeitslose Drogenkartelle und dafür Club-Koka neben Club-Mate im Regal...

SAN ANDRÉS & PROVIDENCIA

DAS PARADIES IST ANDERSWO

Weißer Sand, türkises Meer - grauer Himmel. Die Palmen wiegen sich im Sturm, das Meer ist aufgebracht, die Wellen brechen geräuschvoll. So empfangen uns die kolumbianischen Karibik-Inseln. Aber die Menschen lassen sich von Wind und Wolken nicht irritieren. Man hängt am Strand rum, badet in den lauen

Fluten, und selbst bei Sturm und Regen flanieren die Leute die Promenade entlang. Nass ist man ja sowieso, ob nun vom Regen oder vom Schweiß. Und nach Einbruch der Dunkelheit legt sich Petrus noch mal richtig ins Zeug und fährt mit einem Gewitter auf.

Nach Providencia gelangen wir in einer kleinen Propellermaschine. Trotz Regen und Wolkenbergen erreichen wir heil das Paradies (wie es im Reiseführer beschrieben wird). Aber seit wann regnet es eigentlich im Paradies? Und seit wann beherrschen Mückengeschwader die Luft im Paradies? Und seit wann erobert eine Armee von Krebsen das Land im Paradies? Nee, also das Paradies muss anderswo sein.

Zunächst kommen Heimatgefühle auf. Der graue Himmel erinnert stark an Hamburger Schmuddelwetter. Die Krebswanderung macht der heimischen Krötenwanderung Konkurrenz. Nur dass Finkenwerder seine Kröten durch Straßensperren schützt. Hier zieren lauter plattgefahrene Kadaver den Asphalt. Auf den Wegen hingegen klappert es munter umher, und bei jedem Schritt trappeln aufgebrachte Knieper in alle Richtungen davon. Neben klappernden Krebsscheren und prasselndem Regen macht der Soundtrack der Karibik jedoch alle Ehre, Reggae an jeder Ecke und ein schwer zu verstehender englisch-anmutender Singsang (Caribbean English nennt sich das – ist eher Caribbean als English).

Und so bekommen wir doch noch Karibik-Feeling. Mit der Zeit nimmt der Himmel auch mal eine bläuliche Färbung an, die Strände trocknen langsam und entfalten ein strahlendes Gelb, das Meer glitzert in verschiedenen Türkis-Tönen und das Ganze wird eingerahmt von frisch grün leuchtenden Palmen. Ja, das hat schon was Paradiesisches. Und doch, wenn so das Paradies ist, möchte ich hier nicht die Ewigkeit verleben. Auf

Dauer fehlt es an Abwechslung; keine Jahreszeiten, immer nur Fisch mit Reis, jeden Tag am Strand oder auf dem Wasser rumhängen.. Das ist zu wenig für immer und ewig.

OHNE WORTE

Endlich mal wieder eintauchen in die Unterwasserwelt. Seit 9 Jahren bin ich nicht mehr getaucht. Das heißt erst mal ein Auffrischungskurs. Dachte ich zumindest. Mein Tauchlehrer José sieht das etwas anders. „Das machen wir in der Praxis."
Bevor es losgeht, machen wir noch ein paar Übungen zu Wasser. Bei den ersten Atemzügen hab ich das Gefühl zu ersticken. Nach dem wir-lassen-Wasser-in-die-Taucherbrille-und-pusten-sie-dann-wieder-frei brennen mir die Augen. Beim ich-verlier-mein-Atemgerät-und-muss-es-wiederholen schluck ich Tonnen Wasser. Aber José meint: „Sieht gut aus. Dann kanns ja losgehen." Ina meint: „Vielleicht noch mal wiederholen? Doppelt hält besser und so.." Keine Chance, die Jungs wollen raus in die Tiefen. Na gut, wird schon schief gehen.

Während Captain Sparrow (ein kurzer Blick genügt um zu wissen, woher der Spitzname kommt) mit uns zum Riff hinaus rauscht, versuch ich mich an die Grundbegriffe der Tauchersprache zu erinnern. Aber viel mehr als „Okay" und „Ich krieg keine Luft." fällt mir nicht mehr ein. Ich frag nach. José gibt mir in 10 Sekunden die 10 wichtigsten Grundbegriffe. Ähh, wer soll sich das denn bitte so schnell merken? Unter Wasser sag ich dann aufgrund meines mangelnden Vokabulars einfach mal okay zu allem.

Dann solls losgehen. Equipment angelegt und nun bitte eine Rolle rückwärts ins Wasser. Hallo Jungs, ich hab doch gesagt, ich war seit 9 Jahren nicht tauchen. Ich setz an. Nee, ich trau mich nicht. Auf der anderen Seite des Bootes springt derweil einer der Jungs von Bord, bringt das Boot ins Schwanken und dank des Gewichts auf meinem Rücken werde ich etwas abrupt rückwärts ins Wasser befördert. Die Rolle wär zwar eleganter gewesen, aber ich bin drin.

Beim Abtauchen beginnt dann das Okay-Spielchen. José: „Alles okay?" - Ich: *Ich muss das mit dem Druckausgleich erst mal wieder einüben und außerdem hab ich tierisch Druck auf Augen und Stirn bei dem schnellen Abstieg. Ich glaub ich krieg ne Erkältung. Aber das alles kann ich dir leider nicht sagen.* Also: „Okay."

Die ersten fünf Minuten unter Wasser bin ich damit beschäftigt, mein inneres und äußeres Gleichgewicht zu finden. Druck auszugleichen und mein Gewicht auszutarieren. Luft in die Weste. Ups, zu viel, ich steige nach oben. Wieder Luft ablassen. Wieder zu viel, ich gehe auf Grund. Wie Alice im Wunderland. Während ich also etwas eierig im Wasser auf und nieder schwanke, dreht José sich einmal kurz zu mir um „Okay?" Ich (tja, was soll ich sagen?): „Okay!" Aber irgendwann erreiche ich den perfekten Schwebezustand. Ja, man kann schweben als Mensch. Das hatte ich irgendwie vergessen, dieses Gefühl der Schwerelosigkeit unter Wasser. Dass man sich in alle Richtungen bewegen kann, auch nach oben und unten.

Ich tummel also fröhlich durchs Wasser, schwimme mit den Fischen um die Korallen und vergesse immer mal wieder meine Tauchkumpanen. Und da man unter Wasser wenig hört außer dem eigenen Darth-Vader-mäßigen Atmen, schwimmen wir immer mal wieder gegeneinander. Das ganze wird mit einem kurzen „Okay?" – „Okay!" quittiert. (Ich würd ja Tschuldigung sagen, wenn ich Worte hätte.)

Und zwischendrin gehen die beiden Jungs immer mal wieder auf Lionfish-Jagd (zu Deutsch: Rotfeuerfisch). Die sind hier nämlich nicht heimisch, hoch giftig und sollen schnellstmöglich ausgerottet werden, da sie einfach alles fressen; Pflanzen, Eier oder auch andere Fische. Wie hat es dieser Bastard in die hiesigen Gewässer geschafft? Hurrikan Katrina ist schuld. Als der einst über New Orleans tobte, zerstörte er ein Aquarium und der Lionfish fand seinen Weg ins offene Meer. (Diese Geschichte habe ich selbstverständlich über Wasser erfragt.)

José taucht mit Harpune bewaffnet voerneweg. Mit geübtem Blick erhascht er die giftigen bösen kleinen Fische. Die Harpune schlägt zu. Der Fisch zappelt an der Spitze. Ein Messer wird durch seinen Körper gejagt. Messer und Harpune werden wieder raugezogen und der leblose Körper dem Meer überlassen. Ein tragisches und faszinierendes Schauspiel. „Okay?" – „Okay." *Auch wenn ich noch nicht weiß, wie ich das finde, dass du grad kaltblütig vor meinen Augen einen unschuldigen kleinen Fisch abgeschlachtet hast.*

Kommen wir wieder zum menschlichen Leiden. Meine Taucherbrille drückt mir die Ohren platt. Die Flossen schneiden mir in die Füße. Aber was soll ich sagen? José fragt mal wieder nach: „Alles okay?" Ich: „Okay..." *Grummel – Das hast du absichtlich gemacht, dass du mit nichts weiter als „okay" beigebracht hast! Nein, es ist nicht alles okay. Ich hab Segelohren und krieg Blasen an den Füßen. Ja ich weiß, hier ist nicht der richtige Ort für Eitelkeiten. Mit Taucherbrille und Mundstück sehen wir eh alle leicht bescheuert aus und die 10 % Vergrößerung unter Wasser ist auch nicht grad vorteilhaft für die*

Figur, aber ich würde doch zumindest gerne mal erwähnen, dass einfach nicht immer alles okay ist.

Aber ich kann leider auch das nicht sagen und außerdem die kleinen Zwickerein ganz gut ignorieren. Und weiter schwebe ich euphorisch durchs Aquarium. Bis es dann wieder ans Auftauchen gehen soll. „Auftauchen. Okay?" *Nee, gar nicht okay, ich will noch nicht hoch, ich will noch bleiben, aber du bist ja leider der Boss.* „Okay."

Wieder an der Oberfläche, wieder an Bord, wieder mit Worten, fragt José mich: „Did you like it?" Ich: „Yeah, it was ... (jetzt fehlen mir die Worte) ... okay!!!"

KUBA

LA HABANA & VARADERO

WO IST DER KLASSENKAMPF?

Der Tourismus tut etwas Böses mit diesem Land. Er entzweit es. Land und Leute sind zweigeteilt. Das Land in Flächen, wo Kubaner leben und arbeiten. Und Gebiete, wo Touristen leben und für sich arbeiten lassen. Die Leute spalten sich in Idealisten, die noch immer dem sozialistischen Ideal hinterher hängen und sich für knappe 15 Euro im Monat den Arsch aufreißen. Und Realisten, die erkannt haben, dass man in der Touribranche die gleiche Menge Geld an einem Tag verdienen kann, wenn man clever ist.

Das zwei Klassen-/Welten-/Währungssystem schafft nicht nur Ungleichheit (die gibt es ja immer und überall), sondern auch Distanz. Ich kann in diesem Land Urlaub machen, aber ich kann hier nicht reisen. Nicht ins Innere. Ich werde nie das echte Kuba kennen lernen. Entweder ich bin im Touri-Land oder ich mache einen Ausflug in eine inszenierte Fassade oder ich gehe wirklich ins Innere und werde den Schwarm Amigos um mich rum nicht mehr los. Und sie sind scheiß-freundlich zu mir. Weil ich eine Geldquelle bin. Und sie helfen mir aus jeder Not. Weil ich eine Geldquelle bin. Und sie trinken mit mir. Weil ich eine Geldquelle bin. Ja sie tanzen und singen sogar für mich. Und hinterher darf gezahlt werden. In Kuba ist nichts umsonst. Das sind die Folgen des Sozialismus. Selbst wenn man nur nach dem

Weg fragt, halten sie die Hand auf. Einzig atmen ist umsonst. Das hab ich bisher noch nirgends erlebt.

Also zurück in die Hotelburg. Da ist alles umsonst. Zumindest mit dem kleinen Benzelchen am Arm. Da sind dann die Menschen der anderen Klasse. Sie besaufen sich am Pool. Sie beißen einmal vom Hamburger oder Hotdog ab und lassen den Rest dann liegen. Kost ja nichts. Sie besaufen sich am Strand. Sie tauschen im 2-Stunden-Takt ihre Handtücher. Müssen andere ja waschen. Sie besaufen sich von Bar zu Bar. Diese kleinen Plastikbecherchen reichen so grad eben von Bar A bis Bar B. Der eine oder andere nimmt vorsichtshalber auch mal 2 Drinks mit auf den Weg. Was wir nicht schaffen, lassen wir stehen. Verschwendungssucht, was ist das? Recycling, damit stressen wir uns schon genug in Deutschland. Hier sind wir im Urlaub. In guter Gesellschaft all der ganzen anderen Deutschen, die sich links und rechts neben uns vollaufen lassen.

Ich möchte am liebsten die ganze Zeit flüchten. Vor den Malle-Urlaubern auf der einen Seite, vor meinen ganzen besten Freunden mit aufgehaltener Hand auf der anderen Seite. Vielleicht packt mich das Kuba-Fieber ja auch irgendwann noch, aber im Moment kann ich oft nur den Kopf schütteln. Das ist echt unglaublich, ich bin hier auf Kuba, auf einem Fleckchen Erde, zu dem Kubaner keinen Zutritt haben, es sei denn, um zu dienen. Ich habe vollstes Verständnis für Wut. Und verzeihe auch jede Abzocke. Vielleicht sollten sie mal wieder eine Revolution starten...

Die Entdeckung der Langsamkeit

Nun ist sie schon über ein halbes Jahr in Südamerika unterwegs, und erst jetzt entdeckt sie die Langsamkeit? Ja, so ist das. Die Kubaner sind das langsamste Völkchen, dem ich bisher begegnet bin. Langsame Menschen gibt es ja überall, aber hier sind sie nicht die Ausnahme, sondern die Regel.

Ich bestelle drei Getränke. Nichts. Das ist zu viel (fairerweise muss gesagt werden, dass es sich um drei unterschiedliche Getränke handelt). Ein Zettel kommt zu Hilfe. Noch einmal die Bestellung, diesmal aufschreiben. Getränke im Zeitlupentempo aus dem Kühlschrank holen. Gläser von der andern Ecke der Bar holen. Das dauert einige Zeit. Dann geht's ans bezahlen. Wie war das noch mal? Der Zettel wird wieder hervorgekramt. Was kostet dieses Getränk, was kostet jener Drink? Die Karte wird zu Rate gezogen. Die Preise aufgeschrieben. Wie viel macht das jetzt zusammen? Der Taschenrechner wird geholt. Die Summe addiert. Ich bezahle, endlich. Bevor ich Wechselgeld bekomme, wird die Seriennummer des Scheines fein säuberlich notiert, Ziffer für Ziffer. Dann kommt noch mal der Taschenrechner in Aktion, um das entsprechende Wechselgeld auszurechnen.

Nicht schneller geht die Autoübergabe. Das Ausfüllen eines Stück Papiers kann lange dauern. Da müssen viele komplizierte Daten rein. Namen, Reisepassnummer, Führerscheindaten, Fahrzeugklasse, Anreise, Abreise usw. usf. Buchstabe für Buchstabe, Zahl für Zahl. Zwischen jedem Zeichen einmal durchatmen. Das kann schon ein paar Stunden dauern.

Auch dürfen über so einem Stückchen Papier die sozialen Kontakte selbstverständlich nicht vernachlässigt werden. Ich übe mich in Geduld. In der Ruhe liegt die Kraft. Om...

Das fängt schon bei der Einreise an. Ich kann es einfach nicht besser formulieren: „Der Beamte in seinem Verschlag ist ungemein wichtig. Er schaut gelassen und mürrisch drein, hat nicht das geringste Interesse daran, das Verfahren zu beschleunigen, und wenn die Schlange der Wartenden noch so lang ist. Er prüft, vergleicht Passfoto mit lebendem Vorbild, lässt Sie den Kopf von rechts nach links drehen, macht sich Notizen, blickt angestrengt auf einen nicht eingeschalteten Computerbildschirm, vergleicht wieder Foto mit Original, stempelt, schnauft hörbar durch, fühlt sich durch ihre Anwesenheit belästigt. Nein, machen Sie auf gar keinen Fall den Versuch, die Atmosphäre mit witzigen Bemerkungen aufzulockern. Jedes Land hat seinen eigenen Humor. Humor ist nicht übersetzbar. Und kubanische Beamte haben nicht die geringste Ahnung davon, was Humor ist. (...) Antworten Sie nur knapp und möglichst respektvoll, wenn Sie gefragt werden. Und wenn Sie nicht gefragt werden, seien Sie einfach mucksmäuschenstill, und entschuldigen Sie sich innerlich dafür, dass Sie geboren sind." (Arno Frank Eser, *Gebrauchsanweisung für Kuba*)

Und was die Kubaner im Alltag an Langsamkeit an den Tag legen, gleichen sie durch ihre Sprechgeschwindigkeit wieder aus. Ich verstehe manchmal Wortfetzen, bevorzuge im Zweifel das Englische.

ROADTRIP & ZEITREISE

Jenseits der Abzocker von Havanna und der Hotelburgen von Varadero wird Kuba richtig schön. Das saftige Grün des Landes, das tiefe Blau des Meeres und viele bunte Häuser dazwischen. An vielen Orten ist die Zeit stehen geblieben. Oldtimer neben Kutschen und Ochsenkarren. Pferd und Fahrrad sind die häufigsten Fortbewegungsmittel. Kein Wunder, Benzin ist teuer.

Wir machen trotzdem einen Roadtrip. Auf den Straßen gibt es viele Schlaglöcher und wenig Schilder. Dafür wurde uns inzwischen schon des Öfteren der richtige Weg gewiesen, sogar für umsonst. So fahren wir durch wundervolle Landschaften, durch bunte Plattenbau-Dörfer, durch abgerockte koloniale Städte. Wir überholen viele Kutschen, sei's Arbeitsgefährt, romantischer Zweisitzer, Bus- oder Taxi-Ersatz. Wir fahren durch ein Automuseum; riesige Schlitten aus den 50er Jahren. Wir bestaunen das hiesige Bussystem; Das sind umgestaltete LKWs oder Traktoren mit ausgebautem Anhänger. Wir beobachten das Treiben auf den Straßen und in den Dörfern.

Eine kleine Zeitreise im Land der Überqualifizierten. Denn auch wenn das Land kein Geld hat, hat es eines der besten Bildungssysteme der Welt. Und da der Tourismus nun mal die beste Geldquelle ist (und die Leute ja nicht dumm sind), tragen Anwälte Koffer in die Zimmer, Ärzte grillen Fleisch und Fisch am Buffet und Geisteswissenschaftler servieren Drinks (eine interessante Gesellschaftsstudie ist das allemal). Ausgebildete Tänzer bespaßen die Touristen am Abend. Und Top-Musiker spielen an der Hotelbar.

Oder im Tropicana: „Rein äußerlich kann man das Cabaret durchaus als fabelhaft anpreisen, aber die Show besteht – wie vermutlich alle Latino-Carbarets – aus halbnackten Frauen, die Rumba tanzen, und Sängerinnen, die ihre dämlichen Lieder brüllen." (Guillermo Cabrera Infante, *Drei Traurige Tiger*)

DAMALS UND HEUTE

Denke für einen Augenblick an die lange Kette aus Eisen oder Gold, aus Dornen oder Blumen, die dich niemals gefesselt hätte, wäre nicht an einem denkwürdigen Tage ihr erstes Glied geschmiedet worden. – Charles Dickens

Ein erstes Glied in der Kette der Ereignisse, die zu dieser Freundschaft führten, ist die Wende. Dank der Wende hat glücklicherweise erstens der Sozialismus ein Ende gefunden und zweitens Sabine den Weg nach Hamburg. Mit „glücklicherweise" will ich nicht sagen, dass Sozialismus prinzipiell nicht funktionieren kann (in einer Welt mit anderen, weniger aufs Ego getrimmten Menschen wäre er durchaus denkbar), aber de facto hat er bisher noch nie funktioniert. Wir erleben das Scheitern des Systems grad hautnah.

Ein Regime-kritischer Zeitgenosse informierte uns beispielsweise darüber, dass 80 % der Bevölkerung für den Geheimdienst arbeiten und die Wände auf Cuba Ohren haben. (Erkennen wir Parallelen?) Glücklicherweise saßen wir unter freiem Himmel und so haben die Wände hoffentlich nichts gehört. Zur Sicherheit hat er das Ganze noch in Deutsch verpackt, nur für den Fall, dass auch Stühle und Tische mithören.

Und die Fiedel-Euphorie? Die sehen wir ehrlich gesagt nur auf Plakaten. Bisher konnte sich noch keiner so recht für Fidel begeistern. Die Zeiten sind wohl vorbei. In einem Restaurant, in dem einst auch Fidel speiste, wurden wir kurz an der stolzen und etwas verblichen Bildergalerie vorbei geführt mit dem kurzen Kommentar „Da is Fidel." Keine weiteren Emotionen. Und auch der charismatische Che kann nicht ewig aus dem Reich der Toten die Lebenden vom Ideal sozialer Gerechtigkeit überzeugen. Heute weniger denn je, wo soziale Ungleichheit schon überall zu spüren ist. Das Zauberwort heißt Cuc. („Cuc Cuc rufts aus Cuba", so hat Sabine mit ihrem Hang zu Kinderliedern schnell das elementare System des Gebens und Nehmens auf Cuba durchschaut. – „Lasset uns geben, immer nur geben, Cuc-Cuc rufts aus Cuba...") Jenen, die ihn verdienen, besitzen, vermehren, steht das Schlaraffenland offen. Sie können frei nach kapitalistischen Mechanismen in Exklusiv-Shops alles erwerben, was das Herz begehrt. Die anderen hantieren weiter mit ihren Lebensmittelkarten.

Und die kubanische Lebensfreude? Zugegebenermaßen, Musik ist an jeder Ecke. Oft live. Nie schlecht. Und doch kann ich *Guantanamera* und alles, was auch nur entfernt an *Buena Vista Social Club* erinnert, langsam nicht mehr hören. Aber überzuschäumen vor Freude scheint hier trotzdem niemand so richtig. Trotz Wänden mit Ohren hört man viele kritische Töne durch. Wenn hier alles so rosig ist, warum kommt dann niemand zurück, sobald er einmal das Land verlassen hat?

Aber widmen wir uns wieder den Folgen der Wende. Nachdem Klein-Sabine eine zufriedene und glückliche Kindheit in der Hansestadt Wismar verlebte und Klein-Ina in der Hansestadt

Hamburg das gleiche tat, fiel die Mauer zum Glück grad noch rechtzeitig, und Sabine samt Familie machte pünktlich zur Pubertät nach Hamburg rüber. Und heute? Heute verbringen wir nun endlich unseren ersten gemeinsamen Urlaub. Ob das wohl gut geht, ob wohl?

Und wo landen wir? In einem Ferienlager mit original DDR-Nostalgie-Flair. Wir schlafen in Plattenbauten. Wir essen pappige Nudeln mit Tomatensoße im hiesigen Speisesaal. Unsere Nachbarn quatschen uns fröhlich-sächselnd von der Seite an. DDR-Nostalgiker, keine Frage. Und Sabine fühlt sich an ihre Kindheit erinnert. Und Ina kann sich vorstellen, wie es gewesen wäre. Zusammen. Damals. Im Ferienlager.

CAYO COCO

2 VON 7

Um an die paradiesischen Strände zu gelangen, machen wir am Ende noch mal ein paar Tage All-In. Und es ist immer wieder faszinierend, dieser Mikrokosmos. Wie kommt es, dass all die Leute all das mitmachen; Animationen, Spiele, Karaoke und Co. Ein riesiges Fragezeichen in unseren Köpfen. Die billigste Erklärung heißt schlicht Alkohol. Etwas komplexere Theorien haben was mit Lagerkoller zu tun. Und da Flucht unmöglich ist, bleibt nur eins: mitmachen. Besser man fügt sich dem System. Also kippen wir uns Rum hinter die Birne, schauen die abendliche Show an, nehmen noch einen Drink an der Poolbar, grölen beim Karaoke mit und stehen irgendwann barfuß auf der Tanzfläche der Hoteldisco. Schlimm? Es kommt noch schlimmer.

Wir haben 2 von 7 Todsünden begangen. Und: Wir wurden bestraft. Zunächst kam der Hochmut. Prahlten wir doch am Anfang der Reise mit unseren resistenten Mägen, die nicht so leicht klein zu kriegen sind. Und in der Tat hab ich die bisherige Reise ohne größere Verdauungsprobleme hinter mich gebracht. Aber Kuba scheint jeden Magen zu schaffen. Vor allem wenn man eine weitere Todsünde vollzieht: Völlerei. Wenn aber auch immer alles umsonst ist, man immer morgens, mittags und abends ein dickes Buffet hat und für Zwischendurch hier und da eine Snackbar, wie soll man da denn nicht fressen?

Woran unser Magen letztendlich gescheitert ist, können wir nicht abschließend klären, aber zum Glück hat die Kirche ja für alles eine Erklärung parat. Und so müssen wir uns zu den oben genannten Sünden bekennen. Und leiden. Oder glauben wir doch lieber an einen gnädigen Gott? Einen, der nur Gutes für uns will? In dem Fall hat er sich um unsere Figur gesorgt und eine Komplett-Entleerung samt Null-Diät verordnet. Aber Gott, das war kein schöner Abschluss für eine ansonsten so schöne Reise..

BOLIVIEN

INBETWEEN

Ich arbeite grad für ein Naturschutzgebiet namens Serere[3] und fühl mich die ganze Zeit so ‚dazwischen'. Ich gehe mit einer Gruppe zum Übersetzen rein. Da fängt es schon an. Zwischen den Sprachen.

Und ich bin gerne in der Natur, mag es, durch den Wald zu marschieren, über Seen zu paddeln, nur ein Moskitonetz vom Dschungel entfernt zu schlafen. Aber mir fehlen das Detailbewusstsein und die Begeisterungsfähigkeit für die vielfältigen Pflanzen-, Vogel- und Insektenarten. Manche Dinge faszinieren mich, z.B. Riesenspinnen beim nächtlichen Spinnen ihres Netzes zuzuschauen. Manche Dinge begeistern mich, wie Affen beim Spielen oder Faultiere beim Rumhängen zu sehen. Aber ich gerate nicht jedes Mal in Ekstase, wenn ich wieder eine neue Vogelart entdecke. Ich kann nicht bei der zehnten giftigen Riesenspinne noch ein entzücktes „huch" herausbringen. Und vor allem hab ich nicht die geringste Geduld mich stundenlang auf die Lauer zu legen und darauf zu warten, dass eventuell, gegebenenfalls, möglicherweise, wenn die Sterne gut stehen, ein blöder Tapir vorbei kommt. Es tut mir leid, ich bin einfach keine Vollblutbiologin. Ich bin allerdings auch kein Komplett-Ignorant.

---

[3] http://madidi-travel.com/?lang=de

Ich bin weder Tourist noch Arbeiter. Gehöre irgendwie zum Personal, bin aber doch nicht richtig Teil von ihnen. Ich schlafe bei den Touris (auch wenn meine Hütte gleichzeitig als Abstellkammer dient), esse aber mit dem Personal (auch wenn ich ein paar Extra-Würstchen kriege – eigentlich weniger Würstchen als vielmehr andere Leckereien). Und das Personal ist zu 80 % männlich. Und Mann isst gern Fleisch, braucht Kohlenhydrate, verachtet Obst und Gemüse. Und so gibt's Reis, Kartoffeln und Fleisch. Zum Frühstück, zum Mittag, zum Abendbrot. Und da das gute Fleisch selbstverständlich an die Gäste geht, kauen wir auf Ledersohlen rum oder knabbern Hühnerfüße ab. Glücklicherweise hab ich noch den Beginner-Bonus. So krieg ich morgens mal ein Obstsalat oder Pfannkuchen zugeschoben, mittags ein bisschen Salat oder Gemüse auf den Teller und abends wird mir noch ein Nachtisch zugesteckt.

Wie Gegenstände, die im Museum Kunst und auf dem Sperrmüll Abfall werden. Auf den Kontext kommt es an. Auf der einen Seite der Mauer bin ich Teil der Bedienenden, ohne allerdings bezahlt zu werden. Auf der anderen Seite Teil der Bedienten, ohne allerdings zu zahlen. Welche Seite mir lieber ist? Ich weiß nicht, ich glaub, ich bin ganz gerne in between..

¡QUÉ CALOR!

Ich glaub ich hab noch nie in meinem Leben in so hoher Frequenz immer wieder die gleichen nichtssagenden Gespräche geführt. 10-15 mal am Tag läuft in kleinen Variationen immer wieder das gleiche Gespräch ab. Ein ewiger Sprung in der Platte.

Morgens im Büro (selbstverständlich einmal mit jedem): Guten Morgen! Wie gehts dir heute? - Gut. Und dir? - Gut. - Hast du gut geschlafen? - Ja. Und du? - Ja, ziemlich. - ... - Heiß heute, ne? - Ja, total heiß.

Mittags vor der Siesta: Und, wie gehts? - Ja, gut. Und dir? - Gut. - ... - Ist aber auch heiß heute.. - Ja, total. Man bin ich müde. - Ich auch...

Nachmittags zurück im Büro: Hey, wie gehts? - Gut. Und dir? - Gut. - Gut erholt? Ja. Und du? - Mehr oder weniger - ... - Ganz schön heiß heute, nicht wahr? - Ja, scheiße heiß...

Bevor wir schließen.: Puuh, langer Tag heute, ne? Wie läufts? - Alles gut. Und bei dir? - Ja, gut. Bin n bisschen k.o. – Ja, ich bin auch müde. Is aber auch eine Hitze heute, oder? - Ja, absolut.

Abends im Hostel: Hallo, wie gehts? Wie war dein Tag - Gut. Und deiner? - Gut. Bin n bisschen müde jetzt - Ja, ich auch. Es war aber auch heiß heute. - Wem sagst du das... - Gute Nacht. - Gute Nacht.

Nicht zu erwähnen, dass es bei dieser Hitze schwer ist, einen erholsamen Schlaf zu finden...

SO WEIT WEG...

In Deutschland, zumindest in der Stadt, ist man so weit weg vom Ursprung der Dinge. Man kauft Ananas oder Bananen im Supermarkt und hat oft keine Ahnung, wie die dazugehörigen Pflanzen aussehen. Man kauft appetitlich aussehendes Fleisch beim Schlachter und kann das dazugehörige Tier nicht mal mehr erahnen. Hier hängen die Bananen an den Palmen und die ganze

Kuh liegt im Markt – man wählt die Stücke direkt vom Körper, und es ist blutig. Man kauft Holz im Baumarkt ohne eine Ahnung des Waldes zu haben, dem es entnommen wurde. Hier stehen sie, Edelhölzer wie Mahagoni – in ihrer natürlichen Umgebung. Man kauft seinen Schmuck in irgendeinem Modeschmuckladen ohne Ahnung der Leiden, unter denen die Materialien gewonnen wurden. Hier bastelt man selber seinen Schmuck, aus Nüssen und Samen, die vorher gesammelt wurden. Und Tattoos entstammen dem Saft einer der hiesigen Früchte. Man kauft alle möglichen Cremes und Shampoos in Drogerien. Hier gewinnt man aus Palmen direkt die Naturkosmetik. In Deutschland geht man in eine Apotheke, hier in den Wald. Dort ein bisschen Baumrinde für einen heilenden Sud, hier ein paar Blätter für einen heilsamen Tee.

Ohne Strom wäre das Leben in Deutschland nicht denkbar. Und wenn plötzlich kein Wasser mehr aus der Leitung käme, was dann? Hier dienen Kerzen zur Beleuchtung, Feuer zum Kochen, und das Wasser kommt aus See oder Fluss.

Und manchmal ist es ganz schön, so genau den Ursprung der Dinge zu kennen. So nah an der Natur zu leben...

RURRENABAQUE

TRAURIGE TROPEN

Hab ich eigentlich schon mal eine meiner Lebensphilosophien zum Besten gegeben? Hier ist eine: Man muss das Leben mit Humor nehmen, sonst ist es einfach nur zum Schreien. Die himmelhochjauchende Ungerechtigkeit in der Welt natürlich allemal. Bürokratie in verschiedenen Ländern nicht minder. Und die Menschen hier in den Tropen - tja, sie sind eine groteske Spezies. Man weiß oft nicht, ob man lachen oder weinen will.

Nach drei Wochen Beobachtungszeit bin ich zu dem Schluss gekommen, dass dieses Dorf verrückt ist. Ob das an den Tropen oder den mysteriösen Winden liegt, die hier alle paar Wochen vorbei ziehen, kann ich nicht sagen. Diese Winde kühlen die Luft um gute 20 Grad innerhalb weniger Stunden ab. So verwandelt sich ¡Qué calor! gerne mal in ¡Qué frio!

Und wie es so ist im Dorf, redet jeder über jeden. Hausmeister Sergio wird nachgesagt, dem Alkohol zu frönen. Er macht seine Aufgaben eher schlecht als recht und läuft etwas vertrottet durch die Gegend. Er ist ein Schnacker. Viele Worte und wenig dahinter. Manchmal nervt er, manchmal tut er einem leid. Ich weiß nicht, ob er wirklich hinterhältig ist oder sein Leben einfach nur nicht auf die Reihe kriegt. Seine Tochter ist mit ihren neun Jahren schon überzeugte Vegetarierin, denn unschuldige Tiere sollen nicht leiden. Die Mutter ist seit Wochen in Bogota verschollen und wer weiß, ob sie jemals wiederkommt.

Buchhalterin Yara gehört zu den Zeugen Jehovas. Ehrlichkeit ja, Sex vor der Ehe nein. Das macht sie zu einer zuverlässigen Mitarbeiterin, führt aber an anderer Stelle zu Diskussionen. Hat sie mal einen Tag frei, langweilt sie sich. (Vielleicht sollte sie sich das mit dem Sex vor der Ehe noch mal überlegen.)

Und zu guter Letzt ist da die Grande Dame des Unternehmens. Rosa Maria. Inbegriff des Umweltschutzes. Des Kampfes gegen die Ausbeutung der Natur. Verehrt und gefürchtet. Geliebt und gehasst.[4] Sie ist eine Diva. Ich war mir lange nicht sicher, was ich von ihr halte. Inzwischen bin ich zu

---

[4] http://www.earthisland.org/journal/index.php/eij/article/bolivia_burning/

dem Schluss gekommen, dass ich sie zwar für ihr Engagement bewundere, aber eigentlich nicht mag. Zu Fremden ist sie unglaublich nett, aber ihre Mitarbeiter behandelt sie von oben herab. Tiere sind ihr heilig, Menschen nicht. Einst wurde ihr der halbe Unterleib von einem Kaiman weggerissen. Sie humpelt bis heute, aber selbstverständlich ist nicht das arme Krokodil daran schuld. Es sind die Menschen, die das natürliche Gleichgewicht mit ihren Motorbooten durcheinander bringen. Dem armen Kaiman schwirrte so dermaßen der Kopf, dass er einfach nicht mehr wusste, dass das die gleiche gute alte Rosa Maria ist, die da schon seit 15 Jahren im See schwimmt.

Ich hab ja nur ein, zwei Episoden miterlebt, aber die hattens schon in sich. Unser Abschiedsabend beispielsweise eskaliert. Rosa Maria will mit einem leicht zerfledderten Schein zahlen. Das Restaurant ist nicht bereit, den Schein zu akzeptieren (sie sind by the way schon seit längerer Zeit mit Rosa Maria verfeindet), Rosa Maria ist nicht bereit, einen Kompromiss zu finden. Der gutherzige Alejandro (Dauer-Kiffer aus – ursprünglich – Argentinien, ergo hier im Dorf ohne Ansehen) versucht zu vermitteln, will den Schein tauschen. Man lässt ihn nicht. Harte Fronten treffen aufeinander und wir beteiligten Zuschauer sind zunächst verlegen, dann irritiert, dann wütend. Wie kann man nur so stur sein? Aber wer sich über Jahre hinweg eine tiefgründige Feindschaft erarbeitet hat, der lässt sich sein Werk nicht kurzerhand von irgendwelchen dahergelaufenen ahnungslosen Friedensstiftern verderben. So verlassen wir das Restaurant. Ohne zu zahlen. Gehen zurück in unser Revier. Wütende Ausbrüche und Schreie im Rücken. Wer auch immer im Recht ist, die Fronten sind zu verhärtet als dass sich jemals eine Lösung finden ließe.

Und dann ist da dieser geistig-behinderte Junge, der den ganzen Tag durchs Dorf rennt. Manchmal läuft er schreiend in unser Büro und Don Guido, die gute Seele des Hauses, redet beruhigend auf ihn ein bis er wieder das Weite sucht. Irgendwann anders sitze ich im Café. Er kommt vorbei, bleibt an meinem Tisch stehen, nimmt meine Cola und trinkt. Ich nehm ihm das Glas weg und guck ihn verwirrt an. Er starrt nicht minder verwirrt zurück und läuft weg. Und ich schüttel mal wieder den Kopf.. dieses Dorf...

TEUFELSKREIS

Also jetzt mal Butter bei die Fische. Reden wir mal Tacheles. Nicht um den heißen Brei herum. Es herrscht eine gewisse Israeli-Feindlichkeit in Südamerika. Nicht auf Staatsebene, sondern in der Touri-Szene.

Die meisten israelischen Touristen reisen in Gruppen. Nach dem Militärdienst wollen sie mal so richtig die Sau raus lassen. Sie packen ihre sieben Sachen und reisen in billige Länder. Wenn sie nicht von Vornherein in Gruppen zusammen sind, findet sich das vor Ort. Sie sind jung, partyhungrig, alkoholdurstig und abenteuerlustig. Sie wollen eigentlich nur Spaß und verhalten sich dabei vielleicht nicht immer angemessen. Viele Leute sind genervt, fühlen sich gestresst, meiden diese Horden. Und so beginnt der Teufelskreis.

Manch ein Hostel verweigert ihnen inzwischen Einlass. Das sagen sie so nicht direkt. Doch wenn eine Gruppe solch junger Wilder kommt, ist man wie von Zauberhand auf Jahre hinweg ausgebucht. Andere Hostels outen sich offensiv als

Israelfreundlich, und dort rotten sie sich dann zusammen und bilden eine eigene kleine Enklave. Noch größere Gruppen entstehen. Noch mehr Lärm trifft auf noch größere Gereiztheit.

Manch ein Touranbieter wirbt – unter der Hand natürlich – mit Israeli-freien Gruppen. Sie werden vielerorts diskriminiert. Was natürlich zu Unmut ihrerseits führt. Wenn ihr mich wie den letzten Dreck behandelt, warum soll ich euer Land, eure Kultur achten? Und schon sind wir mitten drin im Teufelskreis. Wir und sie, die anderen. Auf beiden Seiten. Und ja, üble Nachrede verdirbt den Ruf. Und wie lange kann man sich den Vorurteilen entziehen? Und hat nicht jedes Gerücht seinen wahren Kern? Kennen wir nicht alle jemanden, der persönlich schlechte Erfahrungen mit ihnen gemacht hat? Fangen wir nicht auch schon an, sie zu meiden, diese Gruppen?

Es ist traurig. Aber wer hat die Macht, die Waffe oder die Strategie, Teufelskreise zu durchbrechen???

Marsch der Tausenden

In Bolivien wird marschiert. Die Indigenen mobilisieren sich. Gegen Morales. Moment mal, ist der nicht auch indigen? Ja, aber „nur für die über 3000", wie Insider hier vom Amazonasbecken meinen. Gemeint sind Höhenmeter, 3000 über Normal Null, also die vom Altiplano. Damit die da oben gut versorgt sind, wollen sie eine gigantische Schnellstraße einmal durch den Dschungel schlagen. Dazu muss einiges an Regenwald weichen. Und nicht nur das: „Die Verkehrsader wäre der Anfang vom Ende, das Einfallstor für Siedler, Holzfäller, Goldsucher und Landspekulanten." Das gefällt den „niederen" Indigenen selbstverständlich nicht. Also marschieren sie los für ihre Rechte. Mit Erfolg, wie ich nach meiner Reise feststellen durfte: „Der Protestmarsch der 2000 Ureinwohner aus dem bolivianischen Regenwald in die Hauptstadt La Paz hat 69 Tage gedauert. Sie haben ihr Ziel erreicht: Präsident Morales hat den geplanten Bau einer Straße durch ihren geschützten Lebensraum am Amazonas untersagt." (Regenwald Report 2011)

LA PAZ

DER BERG RUFT

Entscheidungen können manchmal viel Zeit in Anspruch nehmen. Seit zwei Tagen rumort es in meinen Kopf: Soll ich's wirklich machen oder lass ich's lieber sein? Die schneebedeckten Gipfel um La Paz üben eine magische Anziehungskraft auf mich aus. Ich will La Paz nicht verlassen, ohne zumindest ein bisschen Schnee geschnuppert zu haben. Andererseits bin ich mir nicht sicher, ob ich mir das wirklich antun will. Nächte durchfrieren. Gute 2000 Meter bergauf (teils mit Gepäck). Kaum Luft zum Atmen...

Einen 6000er besteigt man nicht einfach so. Schon gar nicht, wenn man grad aus dem Dschungel und somit quasi vom Meeresspiegel kommt. Da muss man sich erst mal akklimatisieren. Acht Tage soll man dem Körper Zeit lassen. Das ist mir irgendwie zu lang. Außerdem sollen in einer guten Woche die Straßen-Blockaden anfangen (dann in etwa kommen die Marschierenden in La Paz an), was zur Folge hätte, dass ich dann noch mal wieder länger in La Paz festsitze.

Die Dame meines Vertrauens im Reisebüro für Gipfelstürmer weiß um mein Dilemma und lenkt schließlich ein:

„Also, du fühlst dich gut?" – „Ja." – „Kein Kopfweh, kein Schwindel, kein Erbrechen?" – Nein." – „Schläfst du gut und durch? Hast du gesunden Appetit?" – „Ja." – „Okay. Nach fünf Tagen kannst du los. Nimm vorsichtshalber Tabletten gegen Höhenkrankheit mit, und sobald Symptome austauchen, nimm eine." Ich strahle (Ziel erreicht). Und zittere (Respekt vorm Berg). Die Diät für die nächsten Tage lautet: Mindestens 2 Liter Wasser pro Tag, fettarm essen, keinen Alkohol und keine Zigaretten.

60-70 % schaffen es auf den Gipfel. Ob ich zu ihnen gehören werde, weiß ich noch nicht. Die nächste Überschrift lautet entweder „Geschafft!!" oder „Gescheitert.."

HUAYANA POTOSÍ

DEM HIMMEL SO NAH..

Gescheitert müsste eigentlich die Überschrift lauten. Aber es fühlt sich so gar nicht nach Scheitern an. Auf ca. 5900 Metern hab ich das Handtuch geschmissen oder besser gesagt die Eisaxt. Nur gute 150 Meter vom Ziel entfernt. Bis 5700 Meter bin ich noch ganz gut vorangekommen, zwar im Schneckentempo, aber langsam und stetig. Ab 5700 musste ich dann ca. alle 20 Meter eine 5 Sekunden-Pause zum Durchatmen machen, ab 5800 alle 10 Meter 10 Sekunden Pause und ab 5900 alle 5 Meter eine Minute Sauerstoff tanken.

Ich schaue meinen Guide irgendwann flehend an: „Sergio, bei diesem Tempo erreichen wir doch nie die Spitze.." Er: „Wir haben Zeit." Ich werde direkter: „Ich will nicht weiter." Er: „Kati, Du schaffst das!" (Mit Ina haben sie's hier nicht so.) Ich: „Vielleicht, aber ich will mich nicht weiter quälen." Er findet das nicht gut. Ich schon. Und da ich ihn bezahle, muss er sich fügen. So einfach ist die Welt.

Und nachdem ich aufgegeben habe, wird auf einmal alles wunderschön. Der Sonnenaufgang über Wolken und Bergen. Gletschereis und Schneefelder im Morgengrauen. Gigantische Höhlen und Eiszapfen. Jetzt – bei Licht und ohne Atemprobleme – kann ich's erst richtig genießen.

Nein, ich bereue es nicht. Ehrgeizige Menschen können das vermutlich nicht verstehen; kurz vorm Ziel aufgeben. Ich finde es nicht weiter schlimm. Es gibt viele, die es nicht schaffen. Und die, die es schaffen, machen sich halb tot. Der eine kotzt mal zwischendrin (Höhenkrankheit) und marschiert dann trotzig weiter (Ehrgeiz). Die andere krabbelt heulend und auf allen Vieren auf den Gipfel. Nee danke. Ich stehe nicht auf Selbstkasteiung, nur um irgendeinen neuen Superlativ in meinen Lebenslauf zu setzen. Nebenbei stand Bergsteigen bisher noch nie auf meiner Liste.

Mit Sergio streite ich derweilen weiter. Dass ich wegen Kurzatmigkeit aufgegeben habe. Höhenkrankheit hätte er akzeptiert. Wenn Arme und Beine zittern, darf man zurück. Aber einfache Atemprobleme? Ich hab ihm dummerweise erzählt, dass ich rauche, bzw. dass ich die letzten 5 Tage für die Kraxelei nicht geraucht habe, aber er schiebt nun alles auf meine Raucherlunge. Ich wiederum weiß, dass meine Raucherlunge schon längere Strecken und mehr Höhenmeter zurückgelegt hat und gebe der Höhe die Schuld. Wahrscheinlich ist es ein Mix aus beidem. Und so musste ich ihm versprechen, in ein paar Jahren gut akklimatisiert und nicht-rauchend zurück zu kommen und mit ihm den Gipfel zu stürmen. Daran glaube ich allerdings nicht. Es war wunderbar. Und es war einmalig.

WEITER ODER ZURÜCK?

Ich bin grad an einem Ort mit den schönsten und beeindruckensten Landschaften, die ich je gesehen habe; Canyons, Geysire, Lagunen etc. Aber ich bin müde. Ich reite durch die Canyons, bade in heißen Quellen, bewundere wie von Dalí gemalte Landschaften, schlafe in einem Hotel aus Salz, mache Kopfstand und andere Kinderein in einer Salzwüste und doch fehlt mir jede Euphorie.

Ich bin müde. Angenehm müde. Vielleicht weil's jetzt aufs Ende zugeht. Die letzten Tage in Lateinamerika. Würd ich lieber nach Europa zurück als weiter nach Australien? Vielleicht...

Ich bin mir grad nicht sicher, wie viel Energie ich noch hab, wie viel ich noch aufnehmen kann, wie oft ich noch Small-Talk führen kann. Die Batterien sind schwach, der Speicher ist voll. Ich müsste erstmal wieder auftanken und Platz schaffen. Und für ein paar Tage oder Wochen in die Einsamkeit fliehen. Nicht ständig nur Halb-Bekannte um einen herum mit denen man immer wieder diese qualvollen ersten Gespräche führt.

WAS MIR ALLES NICHT PASSIERTE...

Jetzt, wo Südamerika zu Ende geht, kann man ja mal ein kleines Resümee ziehen. Man hört viele Geschichten. Nicht jeder hat immer Glück. Viele quält der Körper. Lebensmittelvergiftungen - undankbar vor allem auf langen Busfahrten oder Nachquartieren mit einem Plumpsklo für 15-20 Personen. Höhen- oder Seekrankheit. Denguefieber. Malaria ist passé, aber Dengue scheint grad fruchtbaren Boden in Südamerika zu finden. Laut Erfahrungsberichten die Hölle. Argentinien startet grad eine große Aufklärungsaktion mit Plakaten und kurzen Videoclips.

Das Gepäck minimiert sich zuweilen unfreiwillig. Oder wird auch mal im Gesamten davongetragen. Es gibt verschiedene Taktiken, aber eine entbehrt nicht einer gewissen Ironie. Bevor man in den Bus steigt, gibt man in der Regel sein Gepäck ab. Ein paar ganz Schlaue tarnen sich als Gepäckburschen und gehen dann einfach mit dem vollgepackten Rucksack davon. Und Traveller fragt sich ganz naiv: Wo geht der jetzt mit meinem Rucksack hin? Bestimmt noch wieder irgendeine Sicherheitskontrolle oder ähnliches (es gibt hier in der Tat manchmal komische Systeme). Und bevor ihm der Betrug völlig bewusst wird, ist der Rucksack schon längst über alle Berge.

Ja, das tut weh. Vor allem, wenn man sich über seine eigene Dummheit ärgern muss. Aber es ist noch längst nicht so schlimm, wie tödliche Unfälle oder bewaffnete Überfälle. Vor Unfällen bleibt man nur durch Glück bewahrt, denn man kommt nicht immer umhin, gefährliche Pfade oder unsichere Transportmittel zu nutzen. Bei Überfällen gilt: Alles hergeben. Das unversehrte Weiterleben ist mehr wert als alles andere.

Überfälle gibt es in verschiedensten Varianten. Man hat sie alle schon tausendfach gehört, die Geschichten, Kniffe und Tricks. Und doch, was machen, wenn du im Taxi sitzt, eine Frau unaufgefordert dazu steigt (die deine Leidensgenossin spielt und dir schön artig vormacht, wie du dein Hab und Gut loswirst), später das Taxi von einem gefaketen Polizeibeamten gestoppt wird und deine Karte samt PIN eingefordert wird? Die Geschichten sind zu gut ausgetüftelt und selbst wenn du an verschiedenen Stellen protestiert, wie willst du dich wirklich wehren? Vor einem bewaffneten (und seis nur Pseudo-) Beamten weglaufen? Und die Panik der Situation lässt einen oft weniger rational handeln, als man's eigentlich selber besser wüsste.

Aber Geld kann man auch auf andere Weise verlieren. Durch eine perfekte Kopie der Geldkarte beispielsweise, samt beobachteter Geheimzahl-Eingabe. Während man selbst noch samt Karte in Bolivien verweilt, wird in Kolumbien schon ein Betrag von ca. 500 € abgehoben. Und das Geld ist auf Nimmerwiedersehen davon, es sei denn man kann die Bank davon überzeugen, dass man nicht an zwei Stellen gleichzeitig sein kann. Physikalisch unmöglich.

Die argentinischen Banken hingegen spucken gerne auch mal Falschgeld aus. Dann stehste also da, mit 1000 Pesos in Blüten. Die Qualität ist gut und eigentlich sollten die argentinischen Banken den Fälschern dankbar sein, so kommt ein wenig frisches Papier auf den Markt, die argentinischen Banken scheinen Lieferprobleme zu haben. Ich hab noch nie zuvor so rottige Scheine gesehen.

Aber all das sind Geschichten, die mir nicht passiert sind. Ein paar gefälschte Münzen in Peru, ein kleiner 24-Std. Virus auf Kuba und eventuell gestohlene 10 € in Kolumbien. Und natürlich ab und an mal mehr gezahlt, als man hätte müssen – mit viel Verhandlungsgeschick, Insiderwissen oder als Einheimischer. Das ist die Bilanz nach guten zwei Dritteln der Reise. Eine gute Statistik, wie ich finde. Wie so oft war das Glück auf meiner Seite. Mein Schutzengel hat gute Arbeit geleistet. Oder: Wenn Engel reisen...

AUSTRALIEN

AM ANDEREN ENDE DER WELT...

...da bin ich inzwischen wirklich angekommen. Australien liegt Europa geografisch gesehen (fast) genau gegenüber. Unsere Fußsohlen weisen quasi zueinander. Und genau das muss ich mir zurzeit immer mal wieder klar machen. Ich bin grad in einer Phase des Reisens, wo ich mir hin und wieder an den Kopf schlagen muss, um mir bewusst zu machen, wo ich grad bin. Und dass es nicht normal ist, so durch die Welten zu bummeln.

Vor allem hier, wo sich so viel wieder wie zu Hause anfühlt. Alles so sauber, so ordentlich, so strukturiert. Newcastle ist eine Hafenstadt. Riesentanker, Kräne und Schiffshupen sorgen für eine vertraute Kulisse. Lange Strandspaziergänge entlang der schäumenden See erinnern an etliche Dänemarkurlaube. Und ja, auch das Wetter macht zurzeit Hamburg oder Dänemark Konkurrenz.

Aber knock, knock, knock – Hallo Ina, du bist hier in Australien.

Und nein, Australien ist nicht Europa. Kulturelle Differenzen machen sich vor allem beim Nachtleben bemerkbar. Scharfe Kontrollen an den Türen und sei's nur ein Pub. Die Absätze sind hoch, die Röcke kurz. Frau zeigt Bein und Dekolleté, Mann lässt seine Muskeln spielen. Man beäugt sich, schätzt sich ab. Mann lässt ein paar Dollar springen, Frau sich ein paar Drinks ausgeben, und wer am Ende des Abends allein nach Hause geht, hat sich wirklich verdammt blöd angestellt.

Fernseher, Spielautomaten und Sperrstunde kennen kein Erbarmen. Bunt flimmern die Lichter von Wänden und Mattscheiben. Grell erleuchtet der Raum, wenn das Feiern ein Ende hat. Und innerhalb von 5 Minuten ist alles geräumt, keine Polizeirazzia kann gründlicher sein.

Wieder eine andere Welt.

Die Zeit verfliegt und das Geld zerrinnt. Es ist plötzlich alles so teuer. Schlafen, Essen, Transport. Ein Schock jagt den nächsten. Der Euro steht schlecht. Das war mir auf meiner bisherigen Reise egal. Jetzt könnte ich auch heulen.

Am Wochenende waren wir campen. Das ist erschwinglich. Und schön. Wenn's nicht regnet. So hatten wir einen wundervollen ersten Tag, an dem wir auch direkt das Glück hatten, einen Wal zu sehen. Gefolgt von einer stürmischen, gewitternden, verregneten Nacht, nach der dann alles wieder abgebaut und eingepackt wurde und der restliche Campingtrip ist Geschichte.

Ein paar Tage später machen wir eine Weintour. Das Wetter ist uns gnädig. Die Sonne scheint, es ist wohlig warm. Verschiedene Weinproben stehen auf dem Programm, und schon nach der ersten Station frag ich mich, wie ich den Tag überstehen soll. Ein Gläschen Champagner zum Einstieg. Dann die trockenen Weißen, die süßeren Weißen, die trockenen Roten, die süßen Roten und zum Abschluss einen kleinen Dessertwein. Ich hab ja keine Ahnung von Wein, aber ich weiß, dass er in größeren Mengen den Geist umnebelt. Und dass man viele Worte um ihn verlieren kann. All das Gerede von herb-trocken bis fruchtig-süß, der gewissen Honignote, einem leichten Vanilleflavour etc pp. Was man so alles riechen und schmecken kann – Orangen,

Nüsse, Rosenblüten, einen ganzen Wald, wenn man nur willig ist. Aber seien wir mal ehrlich, nach der dritten Probe schmeckt kaum noch einer wirklich viel und blumige Phantasie bestimmt zunehmend das Gespräch..

LEBEN AUF DEM BAUERNHOF

Stadtkind trifft auf Landleben, d.h. Ina trifft auf Familie Campbell. Das sind Anna und Andrew samt ihren Kindern Darcy (11), Zac (9) und Josie (6). Eine Bilderbuchfamilie mit Vorzeigefarm[5] – alles ökologisch und nachhaltig. Das Essen wird aus Garten und Ställen gesammelt, jedes Familienmitglied kocht einmal die Woche (auch die Kinder) und beim gemeinsamen Abendessen berichtet jeder von seinem Highlight des Tages. Elektronische Geräte werden mit Solarenergie betrieben. Kosmetika aus Honig oder Ziegenmilch gewonnen. Zahnbürsten sind aus Holz.

Stall ausmisten, Eier einsammeln, Ziegen oder Schafe treiben – alles kein Problem. Aber es gibt andere Dinge, die sehen unglaublich einfach aus, sind es aber nicht. Grünzeug mit der Sense mähen beispielsweise. Andrew macht drei Schläge und hat Mühe die ganze Ernte davon zu tragen. Ich hacke wie wild auf den Boden ein und ernte eine handvoll grün.

Einfacher ist das motorisierte Rasenmähen. Ich cruise über den Hof. Das macht Spaß. Ich geb Gas. Nur die Logistik könnte man noch optimieren. Von oben betrachtet, auf Video

---

[5] http://www.honeycombvalley.com.au/

aufgenommen und im Zeitraffer abgespielt, dürfte das eine interessante Darbietung sein.

Mein persönlicher Erzfeind hier ist Buddy, das Baby-Schaf. Nein, Lämmer sind nicht süß, Lämmer sind widerspenstig. Der Esel hat zu Unrecht den Ruf der Sturheit. Buddy macht einfach mal überhaupt nicht, was ich will. Wenn ich ihn abends „ins Bett" bringen soll, sträubt er sich hartnäckig, auch nur einen Schritt in die richtige Richtung zu tun. Wenn ich ihn endlich in seinem Stall hab und ihm noch kurz Wasser holen will, entbückst er mir wieder und wir kämpfen erneut. Dieses Lamm und ich haben schon für einige komödiantische Szenen gesorgt, die ich in der Situation allerdings selten komisch finde.. Einzig wenn ich ihm sein Fläschchen gebe, wird er auf einmal lammfromm.

Aber abgesehen von Buddy (und selbst den schließe ich langsam ins Herz) liebe ich dieses Leben. Vor allem, wenn gegen Abend Ruhe einkehrt, die Sonne langsam hinter den Hügeln verschwindet, der Himmel in allen Farben leuchtet, ich mich in mein kleines Cottage zurückziehe und die Abendstunden auf der Veranda genieße. Es könnte sein, dass dies mal wieder einer dieser Orte ist, an denen ich etwas länger hängen bleibe...

WILDE SCHAFSJAGD

Ich nehm alles zurück, was ich über Schafe treiben geschrieben habe. Unter normalen Bedingungen mag das einfach sein, aber nicht, wenn es ans Scheren geht. Sie ahnen, dass da gleich was Schlimmes mit ihnen passiert. Totalrasur. Und das geht nicht immer ohne Wunden vonstatten. Ich kann verstehen, warum sie sich bis zum letzten sträuben, sich ins Gehege treiben zu lassen.

Aber nach der 10 Runde verliere ich langsam meine Geduld. Alle Wörter, die ich hier aufgrund der guten Erziehung nicht sagen darf, sprudeln dafür umso ungehemmter im Stillen durch meinen Kopf.

Andrew drängelt vom Ort des Scherens mit „Mehr Schafe, mehr Schafe! Zeit ist Geld. Ihr müsst sie in die Enge treiben.." Etc- bla, bla. Du hast ja gut Reden da oben von deinem Schatten-Plätzchen. Wir Treibenden sind knallrot. Sonne und Lauferei hinterlassen ihre Spuren. Anna – ganz der pädagogische Sonnenschein wie immer – treibt uns mit einem Lächeln und „Ist das nicht ein Spaß?" munter an. Ich pfeife aus dem letzten Loch und bin mir nach der 15. Runde überhaupt nicht mehr sicher, ob ich das noch spaßig finde.

Ein letztes Schaf ist noch übrig. Es hechelt und bricht fast zusammen vor Erschöpfung (wie wir alle inzwischen), aber es ist einfach nicht willig, dem ganzen Leiden ein Ende zu bereiten und sich einfach scheren zu lassen.

Bleiben wir bei den Schafen und kommen zu meinem besten Freund Buddy. Es ist die traurige Geschichte eines Schafes, das glaubt eine Ziege zu sein. Manchmal auch Hund oder Känguru. Zuweilen läuft er bei Fuß, aber eigentlich nur dann, wenn er nicht soll. Und beim Sprint hüpft er wie ein Känguru. Aber im Herzen glaubt er doch, zu den Ziegen zu gehören. Nach mehreren Integrationsversuchen in der Schafsherde (wobei seine Integrationsbemühungen zugegebenermaßen zu wünschen übrig ließen), lassen wir ihn bei den Ziegen. Die akzeptieren ihn zumindest halbherzig. Auch wenn alle Helfer-Herzen aufseufzen, wenn er wieder vom Futtertrog weggestupst wird. Futter ist nebenbei das einzige, was ihn wirklich interessiert. Auch bei den Hühnern ist er inzwischen in Ungnade gefallen, da er ihnen beständig ihr Futter wegfrisst. Es ist traurig, aber Buddy hat keine echten Freunde auf dem Hof. Er ist eine einsame, getriebene Seele, die uns alle manchmal in den Wahnsinn treibt, beispielsweise wenn er im Morgengrauen anfängt uns aus den Betten zu bläken.

Die Lücke, die Buddy in der Schafsherde hinterlässt, füllt Brutus, ein Alpaca, das glaubt ein Schaf zu sein. Es scheint ihn nicht weiter zu wundern, dass sein Kopf immer ca. einen halben Meter über der restlichen Herde thront. Oder dass er noch immer den Winterpelz trägt, während alle seine Genossen in einem bedauernswerten Nacktzustand durch die Gegend laufen.

DAS NIVEA-DEBAKEL

Um es zunächst klarzustellen, ich stimme mit den meisten Idealen hier überein. Ich bin auch für nachhaltige Konzepte, für Solar-Energie und zunehmende Unabhängigkeit vom Erdöl und finde eine selbsteffiziente Lebensweise erstrebenswert. Anna ist kurz davor, ein Buch zu diesem Thema zu veröffentlichen.[6] Es geht um die richtige Kindererziehung und Lebensweise. Sie nennt das „Big Picture". Im Großen denken. Die Theorie finde ich gut. Sie umzusetzen erfordert allerdings Grundlagen auf hohem Niveau. Das entsprechende Stückchen Land beispielsweise. In der Praxis bezweifle ich, dass es viele Menschen gibt, die den Luxus besitzen in großen Bildern zu denken. Die meisten kämpfen ja doch eher um ihren kleinen Alltag. Trotzdem, die Grundidee ist gut und der Idealismus bewundernswert.

---

[6] Anna M. Champbell: *Honeycomb Kids - Big Picture Parenting for a Changing World and to Change the World*. Cape Able 2012.

Im Detail stimme ich dann aber doch nicht mit allem überein. Eine Grundregel hier lautet: Keine Giftstoffe auf die Haut. Klingt zunächst einleuchtend. Alles, was wir auf unsere Haut auftragen, wird vom Körper absorbiert und landet schließlich im Innern (zumindest ca. 30-40 %) und somit essen wir sozusagen mit der Haut. Und deswegen sind nur Kosmetika zulässig, die aus Dingen gewonnen werden, die man auch essen könnte. Milch, Öle, Honig etc. Alles andere ist Gift. Okay, ich verstehe den Grundgedanken, stimme aber nicht 100%ig damit überein. Das ist mir zu schwarz-weiß, zu gut/böse. Die bösen Gifte. Wie so vieles, haben auch giftige Stoffe ihre positiven Seiten und können in kleinen Dosen heilsam sein. Selbst Salz soll ja in großen Dosen tödlich, in kleinen aber äußerst schmackhaft und manchmal gar heilsam sein. Alkohol kann töten, aber auch desinfizieren und außerdem so wundervoll lustig machen (bevor er dann die Leber angreift und Gehirnzellen tötet;-)

Kommen wir also zum Nivea-Eklat. Am Wochenende darf/muss ich bei der Familie im Haus schlafen und bekomme Josies Kinderzimmer zur Verfügung gestellt. Ich persönlich komme ja aus einer Nivea-Familie. Nach einem Tag am Strand (mit Nivea-Sonnencreme – die riecht so schön nach Kindheit) creme ich mich am Abend mit Nivea-Lotion ein. Josie kommt ins Zimmer, entdeckt die Creme und schreit auf: „Das ist Gift!" Sie rennt zu ihrer Mama und Anna hält mir erst mal einen 10-minütigen Vortrag über die Inhaltsstoffe von Nivea. Ich gebe mich nicht ganz kampflos geschlagen (ich wette, man könnte Nivea sogar ohne nachhaltige Schäden essen), aber sie hat die Macht der Muttersprache und das jahrelange Training der Argumentation für ihre Produkte und so wird mir meine Nivea entzogen und dafür eine Dose Farm-Balm in die Hand gedrückt. Ich geh ein wenig beleidigt (wie ein kleines Kind, das grad vor seiner Klasse bloßgestellt wurde) ins Bett. Der Farm-Balm wird in die stille Ecke verwiesen und die nächsten Tage gewissendlich ignoriert... Und vorm Schlafengehen hole ich aus einem Geheimfach meines Rucksacks noch meine Nivea-Soft hervor und creme mir trotzig das Gesicht ein...

PS: Nach Überwindung kindlicher Trotzphasen muss ich zugeben, dass sie wohl Recht hat. Die meisten Kosmetika haben – nicht nur wegen der Inhaltsstoffe – keine wirklich weiße Weste...

EQUINE ABILITY, GLEN INNES

BEIM PFERDEFLÜSTERER

Irgendwo hinter den Hügeln im verlassenen Busch beginnt das echte Australien. Falls es jemand noch nicht weiß, die etwas abfällige Bezeichnung Busch haben erste weiße Siedler einst zur Bezeichnung des unfruchtbaren Hinterlandes jenseits der blühenden Küsten eingeführt. Und der Busch macht jedem Klischeebild Australiens alle Ehre. Munter hüpfen die Kängurus durch die Gegend. Ein kleiner Fluss durchzieht das hügelige Land. Hart arbeitet der Mensch für sein kleines Stückchen Erde. (Klein ist allerdings relativ zu sehen, gemessen an australischen Standards. Hier wird in anderen Dimensionen gedacht. Und praktische kleine Reisegrößen sind eher selten zu finden. Man kauft lieber XXL. Singlehaushalte haben schlechte Karten. – Nur so am Rande..)

Ein Leben abgeschottet vom Rest der Welt. Die Handynetze reichen nicht bis hier her. Genauso wenig Wasser- oder Stromleitungen. Regenwasser wird in großen Tanks gesammelt, Wasser durch Komposttoiletten gespart. Solarzellen und Generatoren sorgen für Strom.

An diesem entlegenen Örtchen geht Pferdeflüsterer Mark seiner Berufung nach.[7] Pferde züchten, zureiten, zurechtbiegen. Ihnen ihre ersten Hufeisen verpassen, sie an Sattel und Zaumzeug gewöhnen. Die Widerspenstigen gefügig machen, die Ängstlichen mutig, die Jungen bändigen.

Für Töchterchen Ebony – ein Sonnenschein, fast zwei und eifrig am Sprechen lernen – sind Papa und Pferd ein Begriff. „Daddy-Horse" jauchzt sie begeistert, wenn Vattern um die Ecke kommt.

Die Dritte im Bunde ist Jenny. Ob Schafe treiben mit Kinderwagen, Lämmern die Schwänze abwürgen oder junge Ziegen kastrieren. Alles kein Problem für sie – der Inbegriff einer toughen Frau.

Und ich bewundere mal wieder eine andere Lebensweise. Und genieße das echte Australien; den Busch, die Abgeschiedenheit und Kängurus immer und überall...

MÄNNERSACHE

Scheiß Emanzipation. Hab ich die letzten Tage ein, zweimal gedacht. Es hat ja durchaus auch seine positiven Seiten, wenn gewisse Aufgaben dem männlichen Geschlecht überlassen werden. Das Schleppen aller möglichen schweren Dinge beispielsweise. Jaa, ich gehör zum schwachen Geschlecht, und meine Muskelmasse ist begrenzt. Jenny sieht das anders. Und so schleppen wir Felsbrocken für den neuen Garten hin und her,

---

[7] http://www.equineability.com.au/

reparieren und befestigen Zäune oder tragen Motoren von A nach B.

Womit hab ich sonst noch so meine Probleme? Ach ja, die weibliche Orientierungslosigkeit. Man sagt ja, die sei den Männern eher in die Wiege gelegt. In meiner Familie stimmt das allemal. Wir fahren übers Gelände und dann heißt es irgendwann: „Ich geh die Ziegen von der anderen Flussseite holen, fährst du den Wagen bitte zurück?" Äääh, wo sind wir denn bitte grad? Hab ich schon mal erwähnt, dass ich keinen Orientierungssinn hab? Und im Gelände gibt's keine Wegmarkierungen, geschweige denn Schilder. Ich und Auto sind auch nicht grad die besten Freunde, vor allem nicht mit Wassertank hinten dran und alles verkehrt herum. Gut, um den Linksverkehr muss ich mich hier nicht weiter kümmern; es gibt ja keinen Verkehr. Aber die Schaltung auf der linken Seite ist irgendwie ungewohnt und wenn ich die Scheiben wischen will, setz ich den Blinker. Zurück in Deutschland bin ich endgültig desorientiert und hab wieder wochenlang mit einer kleinen Links/Rechts-Schwäche zu kämpfen.

Und da ich so ein armes, verweichlichtes Mädchen bin, tu ich mir auch ständig irgendwas. Von den unzähligen Spuren, die Drähte, Gatter und Splitter auf meiner Haut hinterlassen, will ich mal gar nicht erst anfangen. Halb abgerissene Fingernägel beim ungeschickten Umgang mit Werkzeugen sind schon schmerzhafter. Oder Pferde, die einem auf dem Fuß rumtrampeln, einem versehentlich eine Kopfnuss geben oder auch mal liebevoll anknabbern. Sie sind jung und wissen nicht immer was sie tun. (Ich im Übrigen auch nicht.)

Des Weiteren hab ich mir wie die Pferde eine stampfende Gangart zugelegt, um alle möglichen Schlangen von meinem Auftreten in Kenntnis zu setzen, mit dem dezenten Hinweis, dass sie doch bitte das Weite suchen mögen.

Aber spätestens beim Bier machen bin ich wieder voll die Emanze. Das kann ja jede Frau so gut wie Mann. Ansetzen, abfüllen, ver(kron)korken – jepp, das kann ich. Und trinken allemal..

Mit Kind und Skorpion

Am Anfang meinte Mark mal zu mir: „Manche Helfer finden das Leben hier zu rau." Ich habe ihn etwas fragend angeschaut und abgewinkt. Ich kann mit Plumpsklo und Wasser aus dem Fluss trinken leben. Aber das war wohl nicht (nur) gemeint.

Jenny und ich sind im Haus und hören Mark draußen schreien: „Das müsst ihr euch ansehen!!" Wir stürzen nach draußen und da steht er in langem Mantel und Lederhandschuhen, eine Schlange in seiner Hand balancierend. „Die bring ich jetzt in den Wald." Jenny versucht die Gelegenheit noch kurz für eine pädagogische Einheit zu nutzen: „Ebony, das ist eine Schlange. Wenn du eine Schlange siehst, dann bleibst du mucksmäuschenstill stehen und rufst nach Mama oder Papa, verstanden?" Zu mir gewandt fügt sie hinzu: „Ich hab ein bisschen Angst, dass sie sich jauchzend ‚Look at that (ihr momentaner Lieblingssatz), big worm!!' (Ebony liebt Würmer) auf die Schlange stürzt." Ja, die Angst ist berechtigt.

Später findet Jenny einen Wasserskorpion im Pferdetrog. „Kannst du den bitte unten am Fluss aussetzen? ... Und nimm Ebony mit, ist ja euer letzter Tag zusammen." Da sitze dann also und hast a) eine Zweijährige, die aufgrund der freien

Erziehung unangeschnallt durchs Auto tobt, b) einen Wasserskorpion, der etwas missmutig in seinem Glas durch die Gegend schwabbt und c) einen Hund, der munter ums Auto hüpft. Und ich zweifle mal wieder an meiner Multitasking-Fähigkeit, während ich versuche, Hund und Schlaglöchern auszuweichen und Kind und Skorpion aufrecht zu halten.

Mission erfüllt, aber die nächste steht schon an. Billy, ein junger Ziegenbock, ist dem Tode geweiht; ein gebrochenes Bein, das nicht verheilt. Mark beschließt: amputieren oder töten. Jenny muss die schicksalhafte Entscheidung fällen. Ina beschließt, was auch immer der Beschluss ist, nicht zuzusehen. Selbst Jenny zeigt einen schwachen Moment, nachdem sie entschieden hat. „Nimm Ebony und komm. Er bringt ihn jetzt um." Wir gehen. Billys letzte Laute im Rücken. Sei es die europäische oder die weibliche Seite, wir haben es nicht so gerne, wenn das Töten zu nah an unserem Leben stattfindet. Ich dreh mich noch mal um, seh das Blut spritzen und den Körper noch zucken. Ich könnte das nicht. Ich bin in einer Gesellschaft aufgewachsen, in der der Tod unsichtbar ist. Und töten noch viel mehr. Du sollst nicht töten, zumindest keine Menschen. Das Töten von Tieren ist ja gemeinhin akzeptiert, solang das andere machen. Das ist zwar nicht besonders konsequent, aber ich verstehe die Gründe.

Abschied

Und dann verlasse ich einen Ort wieder und sage zu den Menschen: „Vielen Dank! Ich habe viel gelernt. Es war eine tolle Zeit! Aber, was ich wirklich will im Leben, weiß ich immer noch nicht." Und sie antworten mit einem milden Lächeln: „Das wird sich finden." Und ich schau wehmütig zurück. Sie haben ihren Weg ja schon gefunden.

WENN TRÄUME IN ERFÜLLUNG GEHEN

Es war immer mein Traum oder einer meiner Träume, einmal um die Welt zu reisen. Ich lebe also gerade meinen Traum. Und doch, wenn man so auf Reisen ist, verliert es ein wenig sein Großes. Oder man selber den Überblick. Weil man sich mitten drin befindet. Den Wald vor lauter Bäumen. Mit etwas Distanz wird es sicher wieder groß.

Je länger man fort ist, desto schwerer fällt es, wieder zurückzukommen. Und andererseits, je länger man an einem Ort ist, desto schwerer fällt es fortzugehen.

Neuseeland

Picasso

Drei Mädels und ein Van mit Namen Picasso. Picasso ist unser kleines Heim für die nächsten 10 Tage. Ein paar der Elemente, die ihn schmücken, sind Guernica entnommen. Aber wir sehen mal darüber hinweg, dass wir mit dem Leiden einer ausgebombten Stadt durch die Gegend fahren und sehen es schon mal gar nicht als schlechtes Omen.

Denn wir lieben Picasso. Er hat alles, was man braucht. Wohn- bzw. Schlafzimmer, Küche etc. Jeden Abend suchen wir ihm eine neue traumhafte Kulisse, um ihm ein angemessenes, inspirierendes Umfeld zu schaffen. Gerne in der Nähe von Wasser, da sein einziges Manko das Fehlen eines Badezimmers ist. Aber wer braucht schon Duschen, wenn er sich morgens ins Meer oder in einen See stürzen kann? Wenn die Temperaturen es zulassen.

Zur Beruhigung des Wettergottes – Tschuldigung – der Wettergöttin, opfern wir Pachamama jeden Abend ein paar Tropfen unserer Drinks. Man kann es Aberglauben nennen, aber sobald wir unsere Opfergabe vergessen, ist es am nächsten Tag bewölkt und regnerisch. Wir versuchen Mutter Erde mit Kaffee zu versöhnen, aber Alkohol ist ihr definitiv lieber.

Und so verleben wir mit Picasso ein paar schöne, letzte Tage...

FREIER FALL

Wie bescheuert ist der Mensch, dass er sich aus einem Flugzeug stürzt und sein Leben in die Hände eines Tuches legt? Das hat nicht mal Hände. Aber der Mensch mit dem man springt. Dem vertraut man sein Leben wirklich an. Das verbindet. Nicht nur im übertragenden Sinne. Man ist beim Sprung sehr eng aneinander gebunden.

Aber von vorne. Sook-Ja will schon seit langem Fallschirmspringen. Ina eigentlich auch, allerdings ging die Buchung dann doch ziemlich spontan vonstatten. Aber Sook-Ja meint: „Keine Sorge, ich wollt schon 5-mal springen und das hat nie geklappt." (Wetter und andere Probleme.) Ina hält dagegen: „Ja, aber diesmal bist du mit mir unterwegs und das Glück ist eigentlich immer auf meiner Seite." (Am Anfang der Reise hätte ich diesen Satz nie von mir gegeben – der Aberglaube, was man ausspricht geht verloren – aber jetzt kann ja nicht mehr allzu viel schief gehen.)

Was wir schließlich hatten, war ein wenig Sook-Ja und ein bisschen Ina.

Wir machen uns bereit, steigen ins Flugzeug und rollen zur Startbahn. Ein Blick gen Himmel und wir rollen wieder zurück. Zu bewölkt. Und Sook-Ja denkt sich: „Siehste, hab ich ja gesagt!"

Wir hängen ein bisschen rum, würden uns langweilen, wenn wir nicht zugleich auch aufgeregt-nervös wären. Irgendwann beschließen wir, endlich was zu frühstücken. Dauert bestimmt noch ewig und irgendwie muss ja mal was in den Magen. Schlechte Idee. Irgendwo ist ein Sonnenloch in Sicht und plötzlich geht alles ganz schnell; Equipment wieder angelegt, alle rein ins Flugzeug und los geht's. Wir starten tatsächlich und legen an Höhe zu. Jonatan (Spitzname Joni) zurrt mich immer enger an sich und ich denke: „Oh mein Gott, es wird wirklich ernst." Als das erste Mädel rausgeschmissen wird, packt mich leichte Panik, aber es gibt nun keinen Weg mehr zurück.

Wir springen mit dem Kopf ins Leere. Ich weiß nicht, ob ich in dem Moment was gedacht hab, aber wenn, dann definitiv, dass das total verrückt ist; ins Leere zu springen... Erst Kopf voraus, dann liegste plötzlich aufm Rücken und starrst ins Blaue, bevor du dann die optimale Bauchlage erreichst. Da darf man dann die Arme ausstrecken. Joni muss mir ein paar Mal auf die Schulter klopfen, bis ich realisiere, dass das das Zeichen ist, die Arme nicht mehr verkrampft an die Brust zu klemmen, sondern locker von sich zu strecken, um den freien Fall zu genießen und den Blick schweifen zu lassen, über den See und die schöne Umgebung... Joa, das ist schön. Aber Tschuldigung, sollte da nich irgendwann mal son Fallschirm aufgehen? Ich wollt jetzt eigentlich nicht direkt ins Wasser springen. Ah, ein Ruckeln und wir hängen in den Seilen.

See und Horizont wackeln ein wenig. Mir ist schwindelig. Dafür haben wir jetzt aber keine Zeit. Joni drückt mir die Leinen in die Hand und ich soll scharf links ziehen. Wir kreiseln Richtung Erde. Mir wird kotzübel. Ich bereue das Frühstück (nicht nur ich, wie ich hinterher in Erfahrung brachte). Joni scheint das Spaß zu machen, er hat noch ein paar mehr Kunststücke auf Lager.

Aufm Weg nach unten gleiten wir an Sook-Ja vorbei. Wir winken uns zu und grinsen uns an.

Und Ina denkt sich: „Siehste! Hab ich dir ja gesagt.."

VIETNAM

EIN JAHRTAUSEND HANOI

Wir starten unseren Vietnam Aufenthalt in Hanoi und kommen gerade rechtzeitig zu den Festlichkeiten zum 1000. Geburtstag der Stadt an. Die Straßen sind voller roter Flaggen, die Menschen tragen rote T-shirts wahlweise mit gelbem Stern oder "I love Hanoi"-Aufdruck. Die Gesichter sind dekoriert mit roten Herzen samt gelbem Stern in der Mitte. Ja, wir sind angekommen in Vietnam. Allerdings hat dieser Massenauflauf zur Folge, dass alles hoffnungslos überlaufen ist. Durch den Literaturtempel beispielsweise wurden wir in einem Strom durchgeschoben. Dafür findet man an einem der unzähligen Seen Hanois immer mal wieder ein ruhiges Eckchen. Auf den Straßen hingegen herrscht selten Ruhe. Was hier vor einigen Jahren oder Jahrzehnten noch Fahrräder waren, sind jetzt Mopeds. Es knattert und kracht und hupt durch die Straßen. Beim Überqueren selbiger muss man viel Geduld oder Selbstbewusstsein mitbringen. Aber inzwischen sind wir Profis; immer an die Einheimischen hängen. Was wiederum die Stapelkultur betrifft, hat sich von Fahrrad zu Motorrad nicht viel geändert. Was in Deutschland in ein Auto passt, geht hier auf ein Moped. Und als Familienkutsche taugt es allemal...

CULTURAL CLASHS

Wir versuchen ja, uns Mühe zu geben. Sind immer freundlich und höflich. Fragen immer eifrig, ob kurze Hosen oder Ärmel okay seien, ob man hier oder dort als Frau rauchen dürfe etc. pp. Und doch prallen hin und wieder die Kulturen aufeinander. Wir wandern durch die Gassen Hanois und bummeln durch den Markt. Sook-Ja schreit erfreut auf, als sie eine Frucht entdeckt, von der sie schon so viel gelesen hat. Zielsicher geht sie zum Stand, nimmt die Frucht und riecht daran. Die Miene der Verkäuferin verfinstert sich. Sie kommt angesprungen, klatscht scharf in die Hände und sagt etwas auf Vietnamesisch, was wir nicht verstehen. Klar ist, dass ihr das grad nicht gefallen hat. Wir ziehen den Rückzug an, ein entschuldigendes Lächeln auf den Lippen.

Später sitzen wir im Nachtzug nach Sapa. Wir haben die oberen Betten und bis die Fahrt losgeht unterhalten wir uns noch ein wenig. Ich lasse dabei meine Beine baumeln. Meiner Ansicht nach nichts Verwerfliches. Doch erneut erschallt ein scharfes Klatschen, Hände deuten auf meine Füße, begleitet von unverständlichen vietnamesischen Worten. Kleinlaut ziehe ich die Füße ein. Auch wenn nicht klar ist, wo hier der Fauxpas liegt.

BLAU IN SAPA

Wer sagt eigentlich, Asiaten vertragen keinen Alkohol? Uns haben sie in Sapa ordentlich mit Reiswein abgefüllt. Aber blau ist nicht nur wegen unseres Zustandes die Farbe für Sapa. Indigo ist das Stichwort. Hier wird er angebaut und kultiviert und verleiht den traditionellen Gewändern ihre typische Farbe.

Wir sind auf 3-tägiger Bergtour mit 2maligem Homestay. Homestay ist für uns inzwischen gleichbedeutend mit viel Alkohol. Sapa im Allgemeinen steht für Muskelkater und Sonnenbrand. Wir sind viel gewandert; bergauf, bergab, vorbei an Bambusfeldern, Reisterrassen und Wasserfällen, was dank des feuchten Klimas immer mal wieder in eine Schlitterpartie ausartete.

Homestay No 1 war eher Hostel-ähnlich, und eindeutiges Highlight war der Billardtisch. Da wandert man also ans Ende der Welt, um am Ende des Abends in bierseliger Stimmung mit einer Horde Europäer eine Runde Billard zu spielen - Holland gegen Deutschland und als Puffer die neutrale Schweiz.

Homestay No 2 war dann etwas authentischer. Nur wir zwei und die Familie (plus unser Guide und Dolmetscher Liy). Zur Begrüßung gab es Tee und ab dem Abendessen im 5-Minuten-Takt Reiswein. Ich weiß nicht, wie viele wir getrunken haben. Erst viel zu spät hat Liy uns erklärt, wie man der absoluten Breitnis entgeht, indem man einfach nicht austrinkt. Wir dagegen wollten ja nicht unhöflich sein und haben immer brav das Glas geleert. Der Herr des Hauses hat dabei beständig Wasserpfeife geraucht, was uns auch angeboten wurde, aber aus dem Alter sind wir raus. Aber schmuck sind sie schon, diese Bambus-Wasserpfeifen.

Und nach dem Essen gings dann richtig rund. Fernseher an, DVD rein und Bühne frei für Boney M. Die reinste Freakshow im Fernsehen. Und in Realität eigentlich auch.

KAFFEE- ODER KLASSENFAHRT?

Die Halong-Bucht ist UNESCO-Weltkulturerbe und das wollen wir uns dann doch nicht entgehen lassen. Bevor die Kritik kommt, muss vorweg gesagt werden: Die Landschaft ist wunderschön. Und eine Bootsfahrt durch diese verwunschenen Kalksteinfelsen hätte so romantisch sein können. Nur leider sah die Realität ein wenig anders aus.

Wir sind in einem Mix aus Kaffee- und Klassenfahrt unterwegs. Es gibt einen straff durchorganisierten Zeitplan und niemand, wirklich niemand, kann den gemeinsamen Aktivitäten entgehen. Wir werden zu einer Tropfsteinhöhle eskortiert. Unser Guide nervt uns schon auf der Fahrt mit Erklärungen in dreifacher Wiederholung, die eines Kindergartens würdig gewesen wären. Er schleust uns durch die Massen und erklärt mit viel Imaginationskraft die Gesteinsformationen. Man kann viel sehen, wenn man will. Das Ganze hat was vom Rorschach Test. Wir bedauern aufrichtig, nicht vorher einen Joint geraucht zu haben. Aber mit Drogen ist man im Ausland ja vorsichtig.

Aber unser Geist ist schwach: all die Liebespaare, Elefanten, Schildkröten und Co., wir sehen sie nicht. Oder nur wesentlich unromantischere Varianten wie Phallus-Symbole, davon ist so eine Höhle ja voll... Unser Körper ist willig, davon zu laufen. Aber Flucht ist unmöglich. Klammheimlich wollen wir uns von der Gruppe absetzen, um wenigstens unseren Aufpasser loszuwerden. Aber keine Chance, schon steht Mister Oberschlau wieder neben uns und erklärt uns weitere Dschungel- und Phantasiewesen.

Nach dem Abendessen kommen wir zum Kaffeefahrt-Teil; die Verkaufsshow kann beginnen. Perlen in jeglicher

Variation kommen auf den Tisch. Aber wir wollen nichts kaufen. Und noch viel weniger wollen wir singen. Aber zum Nachtisch gibt es Karaoke. Die Westler verziehen sich nach und nach. Wir treffen uns auf dem Oberdeck. Und wie rettet man jetzt den Abend? So billig es klingt: Mit Trinkspielen. Alkohol IST eine Lösung.

ÜBERFLUTENDE STRAßEN...

...haben uns auf dem Weg von Hanoi nach Hue einen Tag gekostet. Statt 14 Stunden Nachtbus 24-Stunden Tour. Stundenlang standen wir im Dunkeln und nichts hat sich bewegt. Im Morgengrauen ging es dann weiter und der Grund für die Totalsperrung wurde offensichtlich: Überschwemmungen. Die Straßen standen unter Wasser. Beim Blick aus dem Fenster wird einem zuweilen mulmig. Wir fahren durch einen Fluss, nein, durch ein Meer. Diese Bilder kennt man eigentlich nur aus dem Fernsehen, heute sind wir live dabei.

24 Stunden später landen wir in Hue. Der Anschlussbus ist verpasst. Unser Gepäck ist nass. Wir sind gefrustet. Irgendwann relativiert sich allerdings der Blick auf das Ganze. Die Fluten haben einige Menschen das Leben gekostet, viele werden vermisst, ein Bus wurde weggeschwemmt. Da sind wir im Nachhinein doch froh, dass wir nur unsere Klamotten trocknen müssen.

Die Burger-Sünde

Mal zu den Grundbedürfnissen des Menschen; Schlafen, Sauerstoff & Wärme und natürlich die Nahrungsaufnahme. Dass der Schlaf auf Reisen nicht immer luxuriös ist, weiß man ja. Mal eine Nacht im Zug oder Bus um Zeit und Geld zu sparen. Aber alles in allem ist das hier okay. Wärme haben wir mehr als genug. Gut, die Luft ist vor allem in den Städten nicht immer die Reinste, aber abgesehen von Räucherstäbchen-Hustattacken, läuft die Atmung doch ganz gut.

Kommen wir also zum entscheidenden Punkt; das Essen. Wir sind ein bisschen enttäuscht von der vietnamesischen Küche. Zugegeben, es wird besser, je weiter wir in den Süden kommen, aber uns fehlt einfach die geschmackliche Vielfalt. Wo sind all die Kräuter und Gewürze? Wo die Chillis, die einem den Atem rauben? Wo die exotischen Früchte und Gemüse? Irgendwie ist das an uns vorbei gegangen. Dafür gibt es beständig Nudelsuppe und frittierte Eier ohne viel Geschmack.

Und aufgrund des Mangels an eben jenen erwarteten Geschmacksexplosionen liebäugelt der eine oder andere von uns hin und wieder mit 'Western Food'. Der Blick schweift über die Speisekarte und bleibt sehnsüchtig an Pizza oder Burger hängen. Aber nein, wir sind hier in Vietnam und wir essen typisch vietnamesisch! Der ein oder andere wird trotzdem schwach, erntet vorwurfsvolle und doch neidische Blicke seitens der Nudelsuppen-Fresser und rechtfertigt sich kleinlaut: "Ab morgen wieder vietnamesisch."

Und wir haben sie inzwischen alle begangen, die Burger-Sünde...

PARADISE ISLAND

Inzwischen sind wir angekommen auf Phu Quoc, und ich nehme alles zurück, was ich über das Essen geschrieben habe. Wir sind im kulinarischen Paradies. Jeden Abend wird uns ein 5-Sterne-Menü aufgetischt. Meistens fünf Gänge. Und meistens ist man nach dem dritten schon satt. Aber es schmeckt einfach zu gut.

Und nicht nur das Essen ist paradiesisch. Wir nächtigen in einer Bambushütte, duschen aus einer Kokosnuss und verbringen die Tage an einsamen Stränden. Das Tagesprogramm: Ausschlafen, Kaffee, spätes Frühstück, in der Hängematte rumhängen und lesen, bis zum Sonnenuntergang an den Strand und dann wieder Luxusessen. Diese kleine Insel im Süden des Landes ist unser kleines Entspannungsparadies.

INDIEN

INTENSIVE UND VERKEHRTE WELT

Indien ist intensiv, verdammt intensiv, manchmal zu intensiv. Vor allem für die Sinne. Reizüberflutung im positiven und negativen Sinne. Man sieht unglaublich schöne Landschaften, farbenfrohe Märkte und Frauen in bunten Saris. Und daneben von Müll verdreckte Städte, abrissreife Häuser und Menschen in Armut.

Ebenso intensiv sind die Gerüche. Schön und vielfältig auf den verschiedenen Gewürzmärkten. Weniger schön an so manchem verdreckten Fluss oder von Müll überhäuften Straßenecken.

Der Geschmackssinn wird manchmal verwöhnt und manchmal herausgefordert. Super leckeres Essen, das einem allerdings manchmal den Atem nimmt, wenn man versehentlich auf eine Chilischote beißt, oder hungrig beherzt einen Riesenlöffel in den Mund schiebt und sich erst im Nachhinein über die Schärfe bewusst wird.

Auch die Ohren tun einem zuweilen weh. Die Straßen der Städte sind ein einziges Hupkonzert, allerdings ist das Wort Konzert etwas irreführend, da es sich in der Tat um ein Grauen handelt und wir uns beständig die Ohren zuhalten.

Und irgendwie ist hier alles ein bisschen andersrum. Angefangen beim Linksverkehr, über Stehklos für Frauen bis hin zum Kopfschütteln als bejahende Geste. Ist allerdings ein bisschen anders als unser Kopfschütteln zur Verneinung. Es ist mehr ein Kopfwackeln, das ich am Anfang als leichte Verwirrung interpretierte. Und ich steh auf dieses Kopfwackeln und bin schon eifrig am üben, dass ich das mit nach Deutschland nehmen kann.

MAGEN, DU SCHAFFST DAS!!

Gemeinhin heißt es ja, Indien sei vor allem eine Herausforderung für den Magen und die größte Gefahr, mehrere Tage mit verrenktem Magen flach zu liegen. Die Storys gehen hin bis zu 2-wöchigem Krankenhausaufenthalt. So stellen wir uns jeden Tag wieder neu die Frage: Was können wir ohne Bedenken essen, was sollten wir lieber sein lassen? Zurzeit noch in Gegenden, wo sich viele Weißhäute herumtreiben, sind wir recht mutig und essen eigentlich alles.

In der Tat bekommt mir die Nahrung so gut, dass ich schon gefragt wurde, ob ich schwanger sei. Etwas bekümmert schaue ich auf meinen Bauch hinunter und frag mich betreten: Ist es schon so schlimm? Kathrin versucht ein beruhigendes "Ach Ina, das liegt an unserem Alter, wenn man hier mit Ende 20 noch kein Kind hat.. (bla, bla, bla)" Sie hat gut reden, ihr wurde ja auch keine Schwangerschaft unterstellt.

Naja, spätestens im Norden sind wir vorsichtiger mit der Kost. Dann muss Kathrinchen auf ihren Obstsalat verzichten und Inalein wird dem Milchshake abschwören. Vielleicht reduziert das dann ja auch den Schwangerschaftsbauch...

AYURVEDA

In den Backwaters von Kerala gönnten wir uns eine für die Region typische Ayurveda-Massage. Hier gibt es ein ganzes Ayurveda-Krankenhaus, aber man kann sich auch einfach nur massieren lassen. Und wir wurden bereits vorgewarnt, dass das anders ist als europäische Massagen. Besonders ans Herz gelegt wurde uns das Sirodhara (eine Art Öl-Therapie). Und so nahmen wir dann das ganze Programm; Ganzkörpermassage samt Ölbeträufelung.

Und es war in der Tat anders. Zuerst wird man in einen kahlen Raum geführt, der lediglich mit einer Yoga-Matte in der Mitte ausgestattet ist, und wird aufgefordert, sich zu entkleiden. Und wenn sie sagen nackt, dann meinen sie auch nackt; weder Unterhose noch Piercing durften am Körper bleiben. Und dann sitzt du also komplett nackt auf der Iso-Matte und wirst erst einmal mit Öl übergossen. Dann fangen zwei (im Gegensatz zu dir gut bekleidete) Frauen an, deinen Körper zu bearbeiten. Erst sitzend dann liegend, auf dem Bauch, auf dem Rücken, mal hier das Bein anwinkeln, mal da den Arm strecken und so weiter. Und wenn man dann so auf dem Rücken mit gespreizt-angewinkelten Beinen da liegt, kommt schon mal der Gedanke an Kamasutra auf, obwohl das hier natürlich nichts Sexuelles hat. Aber was man so hört, ist Kamasutra ja auch eher Gymnastik denn Leidenschaft. Und mit Sicherheit auch noch um einiges anstrengender...

Naja, es folgt der ölige Part zwei der Ayurveda-Behandlung. Gute 45 Minuten träufelt einem Öl über die Stirn. Die ersten 10 Minuten ist das ganz entspannt. Die nächsten 10 fragt man sich, was das bringt. Und ich versuche in mich zu gehen, mein inneres Gleichgewicht zu finden, meinem Selbst ein wenig näher zu kommen und meine innerliche Ruhe zu entdecken (um irgendwie so was geht es ja bei Yoga, Ayurveda & Co, oder?). Aber das klappt nicht so recht. Nach weiteren 10 Minuten plagt mich die Sorge, ob ich all das Öl je wieder aus meinen Haaren herauskriege. (Salzwasser und Sonne haben das nach kurzer Zeit in Goa aber ganz gut hinbekommen.) Und die letzte viertel Stunde mache ich schließlich ergeben ein Nickerchen.

SUMMER OF LOVE

Wir widmen uns grad den Stränden Goas. Zuerst waren wir an einem etwas ruhigeren, idyllischen Strand, so richtig mit Kühen am Strand und knirschendem Sand. Doch inzwischen sind wir in der absoluten Hippie-Hochburg gelandet. Hier gibt es junge Hippies, alte Hippies, Ex-Hippies, Aussteiger-Hippies, Möchtegern-Hippies usw. usf. Die Gassen sind gesäumt von bunten Ständen, an denen man Räucherstäbchen, Bongos, Wasserpfeifen, Spiegeltaschen, Ökolatschen, viele bunte Tücher und sonstige Hippieaccessoires kaufen kann. Und jede Menge Hippie-Kleidung, die hier auch eifrig zur Schau getragen wird. Die diversen Strandbars liefern den entsprechenden Soundtrack und decken das Spektrum von Raggae über Trance bis hin zu Chilloutmucke a la Café del Mar ab. Kathrin und ich fühlen uns dazwischen manchmal extrem un-hippie-mäßig, man könnte fast sagen: alternativ..

FOTOSESSION

Am letzten Tag in Goa machen wir nochmal auf Kultur und landen Back in Old Europe. Genaugenommen in Portugal und noch genauer: Lissabon. Old Goa soll Lissabon einstmals fast den Rang abgelaufen haben, ist heutzutage aber eher gemütliches und grünes Fleckchen Erde.

Und während wir (wie man das so macht im alten Europa) eifrig von einer Kirche in die nächste laufen, werden wir von einer Familie angequatscht, die ein Foto mit uns haben will. Ähhm, wir dachten eigentlich, die Kirchen seien hier die Attraktion, aber anscheinend ist das Komplett-Programm mit dazugehörigen Europäern noch attraktiver. Und so lassen wir uns auf das Foto ein. Kathrin lässt sich diese Gelegenheit natürlich nicht entgehen und fotografiert ihrerseits, wie die Inder uns (oder in dem Fall nur noch mich) fotografieren. Das wiederum finden die Inder interessant und fotografieren, wie Kathrin fotografiert. Und irgendwann zwischen Kameras und Handys ist nicht mehr klar, wer hier eigentlich wen bzw. was fotografiert. Seitdem treffen wir des Öfteren auf die Foto-Frage und wissen nie so recht, wie wir reagieren sollen. Manchmal fotografieren sie einen auch heimlich, und inzwischen sind wir uns nicht mehr sicher, wie viele Fotos von uns durch Indien geistern.

Eine Träne im Gesicht der Ewigkeit...

Das Taj Mahal ist das größte Liebesdenkmal in der Geschichte der Menschheit. Hier die Geschichte, für all jene, die sie noch nicht kennen: Ein Mogul namens Shah Jahan hatte einst drei Frauen. Die ersten zwei heiratete er aus wirtschaftlichen und politischen Gründen, doch die dritte war seine Auserwählte, seine große Liebe. Sie gebar ihm alle Jahr ein Kind bis sie schließlich völlig erschöpft nach der 14. (!!!) Geburt starb. Ihre letzten Wünsche: Er möge nie wieder heiraten und ihr ein Denkmal bauen, wie es die Welt noch nicht gesehen hat. Ihr Wunsch war ihm Befehl. Er heiratete nie wieder und ließ das Taj Mahal errichten. Tausende Arbeiter durften an diesem Monument mitwirken, schuften ohne Ende und zuletzt ihr Leben oder zumindest ihre Hände lassen. (Denn das Taj Mahal sollte einzigartig bleiben, und so ließ Shah Jahan den Arbeitern nach Vollendung des Bauwerks die Hände abhacken.)

Das Taj Mahal war dem liebeskranken und größenwahnsinnigen Herrscher jedoch nicht genug. Er wollte sich selbst ein identisches Grab dem Taj Mahal gegenüber errichten. Nur schwarz statt weiß sollte es sein. Nun reute ihn das Abhacken der Hände.

Der Staat war bankrott, die Bevölkerung erschöpft. Der Sohn des Herrschers konnte dem nicht tatenlos zusehen und schritt ein. Er ließ seinen Vater kurzerhand ins Agra Fort sperren, wo dieser nun bis ans Ende seiner Tage auf die geliebte Schöpfung blickte...

MÜLL & VERKEHR

Müll gehört zu einem der ungelösten Probleme Indiens. Als Deutscher ist man sich des Themas natürlich durchaus bewusst. Allerdings fühlt man sich doch manchmal ein wenig albern, wenn man beispielsweise am Strand fein säuberlich seine Kippen aufsammelt, ein paar Stunden später mit dem Zug fährt und der Schaffner den ordentlich zusammengesammelten Müll einfach aus dem fahrenden Zug wirft. Macht Müllsammeln Sinn, wenn letztendlich doch alles in der Natur landet? An anderen Orten wird der Abfall des Tages einfach verbrannt. Und über den Flammen wird dann das Abendessen bereitet.

Auch der Verkehr könnte ein besseres System gebrauchen. Auf den Straßen tummeln sich Busse, Autos, Rikschas, Fahrräder, Laster, daneben schieben Menschen Wagen vor sich her und Kühe schlendern in aller Ruhe über die Straße. Jeden Tag werden in Delhi 1000 neue Autos zugelassen. Ein Wunder also, dass sich überhaupt noch was bewegt. Zur Rushhour allerdings eher begrenzt, da braucht man schon mal 2 Stunden für 15 km. Wenn der Verkehr allerdings ins Rollen kommt, geht es rund. Es grenzt an ein Wunder, dass es nicht ständig knallt.

Leider hat Kathrin im Gefühl, dass wir noch in einen Unfall verwickelt sein werden. Saras Kommentar: "Den Indern ist es ja auch egal, wenn sie sterben. Die werden ja eh wieder geboren." Kathrins kritische Anmerkung: "Naja, aber sie könnten ja auch als Ratte wiedergeboren werden." Was ja vielleicht auch nicht das schlechteste wäre, außer dass hier halt die von den Ratten so geliebte Kanalisation fehlt...

Bye, bye Delhi

Endlich geht es raus aus der Stadt. Nach sieben staubigen Tagen eine Wohltat. Diese Stadt ist ein Zeitfresser. Man macht kaum was und schon ist wieder ein Tag vergangen. Vor allem von A nach B zu kommen ist zeitraubend, selbst wenn man die Rushhour meidet.

Was ist noch charakteristisch für Delhi? Durch Sicherheitskontrollen laufen und mit Tuck-Tuck-Fahrern kämpfen. Entweder sie halten gar nicht erst an, nehmen einen nicht mit oder man muss lange um den Preis verhandeln. Und so unsicher die Straßen sind, so sicher sind Metro, Hotels, Tempel und ähnliches, man gelangt erst ins Innere, nachdem man sich einem Security-Check unterzogen hat. Ich bin noch nie so oft durch Sicherheitskontrollen gegangen.

Und wir beenden unseren Delhi Aufenthalt, wie wir ihn begonnen haben, mit einer Party. Unseren ersten Abend fanden wir uns auf einer schicken Dachterrassen Party wieder, und den letzten verbringen wir nun auf einer noblen Hoteleinweihung. Beiden Abenden ist gemein, dass wir hoffnungslos underdressed sind. (Praktische Klamotten sind einfach nicht schick.) Und so schließt sich wieder ein Kreis.. Auf Nimmerwiedersehen, Delhi!

WELCOME TO DARJEELING

Nun sind wir in Darjeeling, einer Station unserer Reise, auf die wir alle heiß waren; Ina will den Himalaya sehen und Kathrin und Sara wollen eine Geschichte über Bio-Tee machen.[8]

Vom Flughafen geht es in einer 4 Stunden-Fahrt in die Berge. Unser Fahrer ist nicht grad vom freundlichsten Gemüt. Um ihn ein wenig bei Laune zu halten füttern wir ihn in regelmäßigen Abständen mit Bonbons und wir glauben tatsächlich, das eine oder andere Mal den Hauch eines Lächelns auf seinem Gesicht zu erhaschen.

Mit zunehmenden Höhenmetern sinkt die Temperatur und wir legen Kleidungsstück um Kleidungsstück zu. Das Zwiebelprinzip. Kennt man ja. Und doch, wir wollen eine noch viel dickere Zwiebel sein und so ist eine Shoppingtour die erste Mission in Darjeeling. Und wir lassen nichts aus; lange Unterhosen, dicke Socken, Hausschuhe, Mützen, Ohrenschützer, Pullis etc. Ein kurzes "It's really warm!" seitens des Verkäufers und wir schlagen zu.

Was macht man sonst so in Darjeeling? Vor Sonnenaufgang aufstehen und hoffen, den Himalaya zu sehen, Momos (so eine Art tibetische Tortellini) essen und natürlich Tee trinken. Und früh schlafen gehen, denn um 20 Uhr werden hier die Bürgersteige hochgeklappt. So verbringen wir den Abend gerne vor unserem Kamin und wärmen die durchgefrorenen Glieder.

---

[8]http://www.fairtrade.de/cms/media//pdf/Darjeeling_Greenpeace.pdf

Und zum Thema Himalaya: Die Wahrscheinlichkeit in Darjeeling den Himalaya zu sehen ist in etwa so groß wie in Konstanz die Alpen. Man muss sehr viel Geduld haben...

KISSED BY THE HIMALAYA...

Der Mythos des Tees ist ähnlich wie die Geschichte von Newton und dem Apfel. Ca. 3000 Jahre vor Christi Geburt machte sich ein chinesischer Auserwählter auf Reisen. Warum und wohin ist an dieser Stelle nicht weiter von Bedeutung. Wichtig ist, dass er auf Reisen war und aus gesundheitlichen Gründen (und davon können wir Reisende hier in Indien ein Lied singen) nur abgekochtes Wasser trank. So saß er im Schatten eines Baumes und kochte sein Wasser. Da kam ein leichter Windstoß auf und ein paar Blätter fielen hinab. Das Wasser färbte sich langsam gold-gelb und verbreitete ein angenehmes Aroma. Das war die Geburtsstunde des Tees.

Aus den Bäumen sind inzwischen Büsche geworden (denn die lassen sich besser ernten, man munkelt allerdings, in einigen Ecken Süd-Ostasiens werden weiterhin Bäume kultiviert und die Ernte von Affen eingetragen) und der Tee ist inzwischen bis an den Fuße des Himalayas vorgedrungen. Und obwohl der Tee aus Darjeeling nur etwa 1% der indischen Gesamtproduktion ausmacht, ist er weltbekannt. Warum? Weil er vom Himalaya geküsst wurde, wie Insider meinen.

Und auch wenn der Tee vom Himalaya geküsst wurde, wir wurden es definitiv nicht. Bis zum Ende hat er sich eitel in Wolken verhüllt...

DER BLICK IN DIE FERNE

Hier in Samabeong wird Tee biologisch angebaut und fair gehandelt. Die Arbeiter verdienen zwar weniger als einen Euro am Tag (ja, das nennt man fairtrade), aber sie arbeiten für hiesige Verhältnisse unter guten Bedingungen. Zunächst einmal gibt es feste Löhne, die regelmäßig bezahlt werden und männliche wie weibliche Arbeiter verdienen das Gleiche. Häuser und ein Stückchen Land zur Bewirtschaftung wird ihnen kostenlos zur Verfügung gestellt und Einnahmen aus dem fairen Handel werden in gemeinschaftliche Projekte investiert. So verfügt inzwischen jeder Haushalt über Solarlampen samt hauseigener Kuh. Und natürlich darf auch ein Fernseher nicht fehlen.

Da leben sie also hoch in den Bergen, abseits der befahrenen Straßen und schauen jeden Abend in die Ferne. Und wie so vieles hat das seine positiven und negativen Seiten. Einerseits stellt das Fernsehen eine riesige Informationsquelle dar, vor allem, wenn man bedenkt, dass hier viele nicht lesen und schreiben können, Zeitungen und Bücher also weder informieren, noch inspirieren noch aufklären können. Zum anderen ist es aber auch ein Blick, der Sehnsüchte weckt. Man hört die Mädchen von J-Lo, Beyonce, Shakira und Co schwärmen. Es drängt sie in die Welt hinaus. Sie wollen ein anderes, wie sie meinen, besseres Leben. Wollen in die Stadt, westliche Kleidung und Make-Up tragen und können doch ihrem Leben nicht entfliehen, können weder ihre Familie allein lassen, noch den Gesetzen und Ritualen ihrer Gemeinschaft entgehen, noch die finanziellen Mittel aufbringen.

Und sie könnten dieses Leben so viel besser ertragen, ja vielleicht sogar genießen, wenn ihnen der Blick in die Ferne nicht eine andere Welt vorspielen würde. So sitzen sie in ihrer Dorfgemeinschaft fest, pflücken Tee, bauen Gemüse an, verkaufen es auf dem Markt und träumen dabei von dem süßen Leben in Bolly- oder Hollywood. Das sind wahre Traumfabriken...

KRIEG UND FRIEDEN

Wir befinden uns auf einer Teeplantage in Gorkhaland/Indien, Anfang des 21. Jahrhunderts. Während um uns herum die Unruhen im Land zunehmen, machen wir erst mal eine Fresskur. Gorkhaland will frei sein. Straßensperren und Hungerstreiks bestreiten das Tagesgeschehen, aber davon bekommen wir nicht viel mit. Zwischen Teepflanzen und Nadelwald lassen wir uns mästen.

Unser Tag ist mit Mahlzeiten straff durchorganisiert: Wir starten in den Tag mit dem Bed-Tea, der je nach Wusch zwischen 6 und 9 Uhr gereicht wird. Der Bed Tea ist somit auch gleichzeitig unser Wecker. Um 9 gibt es dann Frühstück, um 13 Uhr Lunch, gegen 17 Uhr Afternoon-Tea (mit Kuchen & Keksen) und um 20.30 schließlich das Dinner. Zwischen den Mahlzeiten machen wir kürzere Ausflüge, hier mal eine kleine Wanderung, dort mal einen Tempel besichtigen, Teeplantagen ansehen etc. pp. Und dann wieder essen. Wir sind grad auf eine so hohe Essfrequenz getrimmt, dass wir selbst zwischen den fünf Mahlzeiten des Tages noch anfangen zu naschen. (Selbst unsere dezenten Schokoladen- und Keksvorräte dürften wir also noch schaffen.)

Und während der "offiziellen" Mahlzeiten werden wir scharf beobachtet. Die Dame des Hauses steht neben dem Tisch (ja, sie isst nicht mit, sondern nach uns - das macht man hier so) und überwacht das Geschehen. Wenn man eine Schüssel versehentlich übersieht, wird man freundlich darauf aufmerksam gemacht: "You haven't tried this!" Und auch sonstige Essgewohnheiten werden kommentiert: "You don't like meat and fish!" Nee, nicht so gerne, vor allem, da man ja nie so genau weiß, was einem da aufgetischt wird. Und auch persönliche Vorlieben bleiben nicht unbemerkt: "You eat a lot of potatoes!"

Diese scharfsinnigen Beobachtungen führten dazu, dass ab dem Mittagessen des zweiten Tages kein Fisch und Fleisch mehr auf den Tisch kam und es am Morgen des dritten Tages Kartoffeln bereits zum Frühstück gab.

Und dann holt uns Mister Fairtrade doch wieder zurück in die Wirklichkeit und malt die dunkelsten Szenarien aus von Straßensperren, Freiheitskämpfern für Gorkhaland und festgehaltenen ausländischen Journalisten etc. Wir haben es letztendlich aber doch ohne Straßensperren zum Flughafen geschafft. Und nun genießen wir es, wieder frei und unbeobachtet essen zu können.

MÜßIGGANG?

Von einer Kamelsafari über einen Schönheitssalon in eine Oase der Ruhe. So sahen die letzten Tage aus. Aus den Bergen per Jeep ins Tal zum Flughafen. Von dort nach Delhi. Dort Kathrin verabschiedet und zu zweit auf zur Weiterreise. Taxi zum Bahnhof. 12 Stunden später in Jodhpur umsteigen in den Bus, weitere 6 Stunden Fahrt. Odyssee, mal wieder. Nach 36-stündiger Tour endlich die erste richtige Dusche (also nicht aus

Eimern) seit 10 Tagen (oder mehr). Schließlich eine erholsame Nacht und mehr oder weniger ausschlafen.

Aber wir überlassen uns nicht dem Müßiggang. Dienstbeflissen erklimmen wir schon am Vormittag das Fort von Jaisalmer und begeben uns am Mittag auf Kamelsafari; ein paar Stunden durch die Wüste schaukeln, um dann am Fuße einer Sanddüne zu nächtigen. Natürlich alles total untouristisch. So hat uns der mobile Bierverkäufer nur mit Mühe und Not und nicht ganz rechtzeitig zum Sonnenuntergang gefunden. Dafür haben wir dann unsere Abstinenz unterm Sternenhimmel gebrochen, begleitet von Diskussionen über die Härte von Stahl und Granit, sowie die korrekte Position von Cassiopeia. Die Nacht mal wieder durchgefroren, allerdings ist das der Wüsten-Sternenhimmel schon wert. Wenn nur die Grenze zu Pakistan nicht so hell beleuchtet wär. Und wenn wir doch nur gute Augen hätten.. Doch sobald wir zum Schlafen die Brille abnahmen, wars auch schon vorbei mit dem Sternenmeer. Wir konnten grade noch den großen Wagen entziffern. Und wie sich das gehört, wurden wir am nächsten Morgen pünktlich vor Sonnenaufgang mit unserem heiß geliebten Bed-Tea geweckt. Und das gleiche Programm noch mal zurück: Sonnenaufgang, Frühstück, Kamelritt. Am Abend schließlich wieder weiter mit dem Nachtzug. Diesmal sogar dritte Klasse, fast edel im Vergleich zur Sleepers Class zwei Nächte zuvor. Da pfiff der Wind durch die Fenster, Uringeruch lag in der Luft und man sah die eine oder andere Kakalake über den Boden huschen. Aber wir wollen ja authentisch reisen. Wollten, sollte ich sagen. Inzwischen sind wir in einer Oase der Ruhe gelandet. Ein großes Zimmer mit riesigem Bad. Nein, das billigste ist uns nicht gut genug.

Hier bei Yogis finden wir Ruhe. Meiden die quirligen, dreckigen, hupenden Straßen. Wollen nicht mehr von Kühen umgelaufen und von Rikschahs umgefahren werden. Verbringen viel Zeit auf der hauseigenen Dachterrasse. Lesen ein wenig in der Sonne, hängen rum, müssen uns zwingen, wenigsten einmal am Tag vor die Tür zu gehen.. Müßiggang muss auch mal sein!

Auf den Straßen Indiens

Die letzten Tage lassen sich am besten anhand von Rikscha- und Taxifahrern beschreiben; lustige, unheimliche und mulmige Fahrten.

Zunächst einmal machten wir Bekanntschaft mit dem Typus des Party-Rikscha-Fahrers. Das sind in der Regel junge Männer, die ihre Rikscha mit Musikanlagen und Boxen tunen und bei lautstarker Musik durch die Gegend heizen. Der erste junge Mann dieses Typus war „Moin". Der heißt tatsächlich so und als waschechte Hamburgerinnen hielten wir das sofort für ein gutes Omen. Moin fuhr uns zum Soundtrack von „3 Idiots" zu verschiedenen Stationen in Udaipur und Umgebung.

Party-Rikscha-Fahrer Nummer 2 wurde uns dagegen nach kurzer Zeit unheimlich. Diese Gestalt verfolgte uns in Jaipur. Irgendwo sieht man sich zum ersten Mal. Man trifft sich (zufällig?) ein zweites Mal. Aber spätestens beim dritten Mal mag man nicht mehr an Zufall glauben. Der Typ verfolgt uns. Hat uns ins Kino gebracht und lauert uns hinterher wieder auf. Das ist unheimlich, auch wenn er irgendwie harmlos wirkt. Aber nein, wir steigen nicht noch mal ein, da lassen wir uns lieber vom Kollegen abzocken.

Von diesem Typen gebrandmarkt sind wir zunehmend skeptisch. Am letzten Abend kommen wir um 19 Uhr in Mumbai an und fliegen erst um 5 Uhr morgens weiter. Es gilt noch eine Nacht totzuschlagen. Und wieder begeben wir uns in die Hände eines Taxi-Fahrers. Chowpatty Beach war unser Ziel. Wir ließen uns anquatschen und auf einen Deal ein. Der Typ war nach Bauchgefühl okay. Sagte zumindest Inas Bauch. Sara war etwas skeptischer. Aber dann: „Ach, der kratzt sich am Sack. Ist also ein typisch harmloser Inder."

Schließlich erreichten wir das Taxi und der Typ setzt sich aufn Beifahrersitz, denn am Steuer sitzt schon ein Fahrer. Komisch, warum sind die zu zweit? Wir werden misstrauisch, ein wenig nervös. Und was macht man, wenn man nervös ist? Richtig, eine rauchen. Da wir keine Kippen mehr haben, bitten wir sie, kurz zu halten. Monsiuer führt uns an einen Stand und lässt sich von uns auch direkt ne Schachtel sponsern. Nee, das lassen wir jetzt aber nicht mit uns machen. Wir bleiben stehen. Wollen nicht weiter mitfahren. Die zocken uns ab, das wird uns immer klarer. Der Typ guckt uns etwas merkwürdig an, fragt sich vermutlich, was diese Aktion jetzt soll, gibt aber seine Kippen zurück und uns das Geld wieder und weiter geht die Fahrt.

Dann kommen wir in eine Polizeikontrolle. Fahrer und Beifahrer steigen aus und kommen schließlich mit einem betretenen „100 Rupies and it's okay" zurück ins Auto. Die liebe Korruption mal wieder. Schmiergeld zahlen und weiter geht's. Aber wird das jetzt uns auf die Rechnung aufgeschlagen?

Irgendwann kommen wir irgendwo an. Aber nicht da, wo wir hin wollen. Glauben wir zumindest. Wir haben endgültig die Schnauze voll, steigen beleidigt mit einem „You cheated us!" aus, zahlen nicht und sausen davon. Wir fragen ein paar Leute und langsam kommt die Gewissheit: Wir sind doch da, wo wir hinwollten. Uns wird bewusst: Nicht sie haben uns, nein, wir haben sie abgezogen. Uns für lau vom Flughafen an Strand fahren lassen. 15 Minuspunkte fürs Karma, mindestens! Darüber hinaus mussten die Armen die Bullen schmieren und haben also ein ziemliches Minusgeschäft gemacht. Nicht mal ne Schachtel Kippen haben wir ihnen gegönnt. Im nächsten Leben dann also doch als Ratte..

Wie war das? Man sieht sich immer zweimal im Leben? Hoffentlich! Wir halten Ausschau. Sie sollen ihr Geld haben, wir wollen kein schlechtes Karma. Aber wir sehen sie nicht wieder, in diesem Land, in dem einen Taxi- und Rikschafahrer ständig belauern. Diese zwei sind weg. Und uns bleibt nur ein bitterer Nachgeschmack...

DAS ENDE

Und nun ist es vorbei. Es begann und endete alles am Flughafen. Fühlt sich ein bisschen so an, als würde eine Beziehung zu Ende gehen, nur dass man wusste, dass der Abschied kommen würde. Und nun ist sie da, die große Trennung. Adieu große weite Welt! Und zurück in die Heimat. Ja, ich freu mich. Und doch plagt mich ein wenig Trennungsschmerz..

Ich weiß nicht, ob ich viel lernte, außer dass meine Unwissenheit abgrundtief war.

– William Somerset Maugham

Inhalt